Ascensão e Queda de
ADOLF HITLER

CIP-BRASIL. CATALOGAÇÃO NA PUBLICAÇÃO
SINDICATO NACIONAL DOS EDITORES DE LIVROS, RJ

S361a   Schilling, Voltaire, 1944-
           Ascensão e queda de Adolf Hitler / Voltaire Schilling. –
3. ed. – Porto Alegre [RS] : AGE, 2025.
254 p. ; 14x21 cm.

ISBN 978-85-8343-402-3

1. Hitler, Adolf, 1889-1945. 2. Alemanha – História – 1933-1945. I. Título.

18-52570   CDD: 943.086
                 CDU: 94(43)"1933/1945"

Leandra Felix da Cruz – Bibliotecária – CRB-7/6135

Voltaire Schilling

Ascensão e Queda de
ADOLF HITLER

3.ª edição

PORTO ALEGRE, 2025

© Votaire Schilling, 2018

Capa:
NATHALIA REAL

Diagramação:
MARCELO LEDUR

Imagens:
OBTIDAS NA INTERNET

Supervisão editorial:
PAULO FLÁVIO LEDUR

Editoração eletrônica:
LEDUR SERVIÇOS EDITORIAIS LTDA.

Reservados todos os direitos de publicação à
LEDUR SERVIÇOS EDITORIAIS LTDA.
editoraage@editoraage.com.br
Rua Valparaíso, 285 – Bairro Jardim Botânico
90690-300 – Porto Alegre, RS, Brasil
Fone: (51) 3223-9385 | Whats: (51) 99151-0311
vendas@editoraage.com.br
www.editoraage.com.br

Impresso no Brasil / Printed in Brazil

Sumário

Introdução 7
Adolf Hitler na história 11
De Weimar à ascensão ao poder (1918-1933) 23
O Partido Nacional-Socialista 27
As leituras de Hitler..40
A formação do pensamento político de Hitler.................48
A propaganda nazista: o triunfo da vontade...................64
Hitler nas Olimpíadas...73
O nazismo e a técnica...75
A política da morte do nazismo....................................78
A legislação da eugenia...89
Hitler e o Anti-Comintern...95
Hitler, entre o êxtase e a catástrofe final........................98
Nazismo e a luta pela cultura..................................... 106
Século XX: o Hitler de Ian Kershaw............................ 117
Churchill contra Hitler, o duelo 125
1940: a queda da França 132
Operação Barbarossa: o ataque à URSS....................... 151
A utopia de Hitler: o império ariano europeu 171
A Conferência de Yalta 180

Bombas sobre a Alemanha... 190

Auschwitz, a metrópole do genocídio..................................... 195

Do Dia-D ao colapso da Alemanha... 198

Atentado contra Hitler 208

Ardenas, o derradeiro ataque de Hitler................................... 212

A morte de Hitler..222

Hitler, o destino da Alemanha...229

Hitler, continuidade e reação a ele 234

Quadro histórico da ascensão e queda do nazismo
 na Alemanha..246

Referências..250

Introdução

Meus estudos sobre o nacional-socialismo e a figura de Adolf Hitler começaram há muitos anos. Passei boa parte da minha infância ouvindo as histórias da guerra recém-encerrada na Europa. Logo que consegui dominar as primeiras letras, me interessei por política internacional. O nosso vespertino era então o *Correio do Povo*, jornal cuja primeira página era preferencialmente dominada pelo noticiário universal. Acompanhava os acontecimentos pelas fotografias e procurava, em geral com sucesso, identificar quem era quem nas inúmeras conferências e encontros que se deram no pós-guerra. Trumann, Churchill, Stalin e De Gaulle, com menor presença, fizeram parte daqueles meus primeiros anos. Yalta, Potsdam e a Conferência de São Francisco eram a todo momento referenciadas.

Quando dominei melhor os assuntos, a Guerra Fria já estava em andamento e "o medo ao comunismo" cercou larga parte da minha vida e a dos meus próximos então. Durante a Segunda Guerra, meu avô materno, Johann von Nepomuc, um católico saído de uma pequena cidade da Baviera no começo do século XX, foi levado preso pela polícia do Estado Novo por ter literatura alemã entre seus pertences (recordo de alguns daqueles livros que sobraram da canhestra batida policial, coisa inocente, romances pastorais que minha avó, eventualmente, recebia das irmãs, todos impressos nas ilegíveis letras do alemão gótico).

Ocorreu então uma situação singular. Quem o libertou, assumindo a responsabilidade pelo não comprometimento dele com o nazismo, foi um tio meu do lado paterno, Voltaire Londero Schilling, que era oficial de artilharia do exército brasileiro, pessoa de quem carrego o nome.

Recordo ainda a presença da guerra pelo fato da minha avó Hanna enviar regularmente por meio da Cruz Vermelha pacotes de alimentos para os seus parentes que estavam sofrendo de severas necessidades quando residentes na cidadezinha de Bogen, na beira do Rio Danúbio.

Eram enormes embrulhos de papel azulado, amarrados com barbantes por todos os lados, que eram despachados pelo cais de Porto Alegre durante os finais dos anos quarenta e até a entrada dos anos cinquenta, quando a situação voltou a se normalizar na Alemanha.

Meu pai, Carlos Antônio, oficial veterinário, chegou a ser convocado pela FEB (Força Expedicionária Brasileira) para o embarque à Itália, mas viu-se desmobilizado porque a rendição alemã em 7-8 de maio fizera encerrar o conflito em 1945. Eu então era um recém-nascido; depois lamentei não ter tido um pai expedicionário.

A guerra indiretamente quase me fez sua vítima. Tive espasmo do piloro logo que vim ao mundo, uma perigosa contração do músculo branco que liga o estômago ao intestino, o que me impedia de conservar o leite materno. Definhei. Minha singular aparência assemelhou-se a tantas outras crianças famintas vítimas da guerra.

O único remédio que havia na época para dissolver a contração era de fabricação alemã. Consequentemente, estava inacessível a qualquer brasileiro. Fui salvo por uma cirurgia, uma das primeiras realizadas no Brasil para resolver aquele problema.

Recordo ainda a aflição da minha mãe Ilsa Anna e das suas irmãs quanto ao destino de alguns primos-irmãos delas que eram prisioneiros na Rússia. Mulheres alemãs, víamos nos noticiários de atualidades, se colocavam nas estações de trem com fotografias dos seus queridos, esposos, pais ou filhos, na expectativa de que algum dos desembarcados, recém-libertados dos campos de trabalho soviético, depois de anos de cativeiro, pudessem lhes dar qualquer alento sobre os seus amados.

Certa feita, minha avó e filhas receberam uma carta de um deles. Era um sobrinho da minha avó. Aprisionado pelos russos, fora enviado para um acampamento na Sibéria para cortar lenha, lá ficando por mais ou menos dez anos. Ele agradecia terem ajudado a família dele naqueles anos duros da sua ausência forçada. Ele, todavia, estava perdido. O frio intermitente e o gelo fizeram um rombo no seu pulmão. Solto em 1956, tiraram-no do trem direto para um sanatório, onde ele, poucos meses depois de ter remetido a carta, não demorou a morrer.

A guerra por igual atingiu vários amigos de infância da minha mãe e das tias. Naqueles anos o bairro do Menino Deus, em Porto Alegre, abrigava várias moradias de alemães e seus descendentes, tanto assim que existia numa das ruas próximas ao Rio Guaíba uma sociedade recreativa chamada Sociedade da Natureza, que servia como uma espécie de clube esportivo para nadadores e remadores. Soube que quando a guerra estourou na Europa, em setembro de 1939, vários deles se apresentaram para lutar como voluntários no exército alemão. E, ao que se sabe, nenhum voltou vivo.

Assim, minha intimidade com a desastrosa política de Adolf Hitler data de muito tempo atrás, fazendo também por alcançar meus primeiros anos e a vida dos meus familiares, ainda que morando a milhares de quilômetros de distância de onde se processavam os acontecimentos bem mais dramáticos.

O título escolhido remete evidentemente ao célebre livro de William Shirer, jornalista e historiador norte-americano que editou talvez a obra mais lida e popular sobre o nazismo e Adolf Hitler: *Ascensão e queda do III Reich*, em 4 volumes. É um fenômeno que teve várias reedições desde que a primeira foi posta em circulação pela metade de 1960. Livros que li com avidez.

Desde aquela época, milhares de outros títulos foram publicados. São livros de história, ensaios sociológicos, biografias e autobiografias, rigorosas pesquisas que fizeram levantamentos extraordinários e precisos sobre a época de Adolf Hitler e os efeitos devastadores da atuação política dele. Hoje, estima-se que mais de 50 mil títulos existam somente sobre o caudilho alemão.

O presente trabalho é formado por um conjunto de artigos que escrevi em momentos diversos das minhas pesquisas pessoais sobre o nazismo e a personalidade do Führer. Recordo que o primeiro deles eu fiz publicar em 1973; portanto, os demais se estendem pelos últimos trinta e tantos anos.

Justamente por isso eles poderão conter repetições ou irregularidades em sua narrativa, mas o seu mérito, pelo menos assim o entendo, é de haver um autor brasileiro nato ter recolocado a presença de Adolf Hitler e seus propósitos no atual cenário editorial do país.

O Autor

Adolf Hitler na história

Servindo a refeição para o seu filho Heinrich, a senhora Böll escutou pelo rádio que Adolf Hitler havia sido indicado como chanceler da República de Weimar. Algo assim como resignada, comentou então: "É a guerra!"

No poder

Todavia, para milhares de outras pessoas, especialmente na Alemanha daquele dia de 30 de janeiro de 1933, a ascensão do chefe do movimento nacional-socialista lhes pareceu a redenção nacional.

Imediatamente ao anúncio da chegada dele ao governo depois de uma serie de eleições, milhares de milicianos da SA (Sturmabteilung), fizeram uma marcha triunfal portando tochas pelas avenidas de Berlim. Por toda a Alemanha cresceu um frenesi patriótico e esperançoso de que finalmente dias melhores adviriam.

A nação, tinham certeza, voltaria a sorrir e a ter confiança no futuro conduzida por uma liderança providencial, alguém que saíra do próprio meio do povo para anunciar a chegada dos novos tempos, da nova ordem a ser imposta frente ao caos e à depressão moral e econômica em que o país se encontrava.

Transcorridos doze anos, o jovem Heinrich Böll, que viria a receber o Prêmio Nobel de Literatura de 1972, então com vinte e oito anos, em 1945, finalmente retornou para casa depois de ter servido na guerra por seis anos ininterruptos (1939-1945). Deparou-se com uma fantasmagoria lunar. A cidade de Colônia (Köln), em que nascera e crescera, praticamente não existia mais. As ruínas dominavam inteiramente o cenário. Prédios, casas e edifícios estavam destruídos até suas bases, e um mar de entulhos dominava as vias, obrigando os passantes a fazerem acrobacias para ir de uma quadra a outra. A velha ponte, a Hohenzollernbrucke, sobre o rio Reno estava retorcida e parcialmente afundada, e até a celebrada catedral, a maior construção religiosa da Alemanha medieval, fora fortemente abalada. Quase a metade dos seus 700 mil habitantes a haviam abandonado e outros tantos sucumbiram pelo mar de bombas que fizeram dela um alvo fácil para a aviação aliada.

Tudo fora arrasado por 262 reides aéreos orquestrados pela RAF e pela USAF. Mais de mil bombardeios despejaram sobre ela milhares de toneladas de explosivos convencionais e de fósforo. Nas restantes cidades da Alemanha a situação não era diferente. Era isso que sobrara do Terceiro Reich.

Lembrou-se então da sua mãe, já falecida, e de como ela não se deixara impressionar pela presença atordoante de Adolf Hitler. Como uma pacata dona de casa alemã percebera de imediato as implicações da vitória dos nazistas, conquanto milhões de seus concidadãos houvessem fechado os olhos, deixando-se simplesmente levar pelo Führer até o fim do abismo.

A partir daquele momento, Böll decidiu ser o porta-voz literário daquele país destroçado pela política dos nazistas, tornando-se a maior expressão do que veio a denominar-se de *Trummerliteratur*, a "literatura do entulho".

O "maior alemão" de todos os tempos

O fascínio que Hitler exerceu sobre os alemães superou qualquer outro personagem da história nacional. Nem o rei da Prússia Frederico II, o Grande, nem o chanceler de ferro Otto von Bismarck se equiparam a ele neste ponto. Martim Lutero, morto em 1546, quatro séculos antes do término da Segunda Guerra Mundial, que chegou a ombreá-lo em popularidade por seu desafio corajoso ao Papado, só empolgou uma parte deles, a que se convertera à Religião Reformada, sendo hostilizado pelos de fé católica. Hitler não.

Não houve uma sequer região da Alemanha, um só dos seus estados ou uma classe social em especial que tivesse rejeitado apoio ou admiração a ele depois que ele galgou o poder. Até seu derradeiro momento de vida ele contou com a fidelidade irrestrita da população.

Um ministro do alto escalão do regime, entrevistando alguns pequenos fazendeiros e camponeses do vale do Ruhr quando a guerra já estava totalmente perdida, em março de 1945, ficou perplexo quando ouviu deles palavras de confiança de que o Führer daria um jeito de reverter a situação. Ele estava deixando os inimigos entrarem em solo alemão para melhor envolvê-los e, em seguida, derrotá-los. Hitler sabia o que estava fazendo! Para eles, não havia dúvida de que Hitler era o "maior alemão" de todos os tempos.

Pessoas das mais diversas classes e origens sociais que privaram com ele reconheciam-lhe o gênio, deixando-se fascinar pelo carisma e esquisitice da sua personalidade. Políticos experientes, diplomatas, generais, acadêmicos e cientistas ficavam pasmos frente a ele; imagine-se o povo.

Quando os soviéticos estavam penetrando na periferia de Berlim para o golpe final, milhares de *Volkssturm*, civis, na faixa dos 16 a 60 anos, organizados a partir de março de 1944, que serviam como voluntários ou como conscritos, se apressaram em pegar em armas para participar da defesa final.

A Volkssturm, a milícia civil.

Junto com eles, irmanados num pacto de morte, estavam os integrantes da *Hitlerjugen*, da Juventude Hitlerista, garotos que se escondiam nos prédios derrubados e nas crateras abertas pelas bombas nas ruas para espreitar os blindados russos com suas *Panzerfaust*, armas antitanques, procurando retardar ao máximo possível a queda da metrópole do Reich.

Quando perguntavam aos mais velhos, sem treino e mal armados, o que eles estavam fazendo ainda por lá, eles respondiam que se "Ele" ainda se mantinha em Berlim, também se sentiam na obrigação de estar nas trincheiras ou cavando fossas para impedir de os carros de combate dos russos chegarem ao *bunker* do líder.

E esse compromisso não foi somente mantido por alemães. Centenas de direitistas franceses, egressos da Action Française e da Juventude Católica, que haviam se alistado na *Waffen SS Charles Magne*, remanescentes de uma divisão que recrutava voluntários anticomunistas em 1943, empenharam-se até o derradeiro homem, defendendo o prédio do Reichtag praticamente sem que nenhum deles sobrevivesse.

Mesmo tendo ciência de que tudo estava perdido, que nenhuma arma secreta poderia fazer a mágica de reversão do resultado da guerra, lutaram até a rendição final, quando nada mais restava por inteiro na capital.

Não se revoltaram nem contra os quadros inferiores do partido nazista quando a debandada se intensificou. No máximo alguns figurões foram apupados por soldados.

Como Adolf Hitler conseguiu manter a fidelidade das massas até o fim em meio a um colossal fracasso é um dos enigmas da história.

Paradoxos

Entre os inúmeros paradoxos que estão ligados a Adolf Hitler, é interessante observar que muitas das suas inclinações o colocariam entre o que veio a se denominar como "politicamente correto" nos dias atuais.

Tinha sérias intenções de abolir com o hábito do fumo junto à população alemã, estimulando-a a que não só abandonasse o tabaco como se convertesse ao vegetarianismo. Ainda que não proibisse as carnes, porque os soldados precisavam de uma dieta reforçada de proteínas, cogitou em também vedar o seu consumo quando a guerra acabasse.

Estimulou a que as farmácias produzissem remédios orgânicos e não químicos, ao tempo em que passou vários decretos para a proteção dos animais, decretando punições contra o abuso ou práticas abusivas e cruéis para com eles.

Por outro lado, este mesmo homem tratou de inocular nos seus milhares de seguidores o sentido de que as perversidades que cometiam se justificavam perante a grandeza da causa abraçada: a redenção da Alemanha e a prevalescência da pureza racial e ideológica do nacional-socialismo.

Praticamente conseguiu imunizá-los contra o incrível sofrimento humano que suas ações provocavam. Fez dos seus adeptos e funcionários obedientes máquinas insensíveis capazes de conviver com os campos de extermínio e com assombrosas execuções de civis inocentes, como também de tratar com brutalidade inaudita os que resistiam ou abertamente se rebelavam contra a ocupação nazista durante a guerra.

Hitler não tinha nenhuma comiseração especial, de dó ou piedade, para com os fracos e os doentes. Compaixão não fazia parte do seu vocabulário nem tocava seus sentimentos. Ao contrário, votava-lhes profundo desprezo.

Devido ao seu egoísmo étnico, desenvolveu um ódio fanático aos que considerava racialmente inferiores, aos eslavos, aos judeus, e, em menor escala, aos ciganos. Tanto assim que adotou políticas específicas para eliminá-los pelo Programa da Eutanásia e pela Solução Final.

O tirano modernista

Ditador da época futurista, adorava automóveis e aviões, introduzindo na Alemanha as revolucionárias autoestradas (*Autoban*) que cortavam o país em diversas direções. Para desfrutá-las, encomendou ao engenheiro Ferdinand Porsche o projeto de um carro popular, o *Volkswagen*, "o carro do povo", cujo protótipo chegou a ser construído em 1935.

Por igual, do empenho dele surgiram o avião a jato e os foguetes autopropulsados, cuja fabricação, nos finais de 1944, não conseguiu alterar o resultado final da guerra, mas inventos que tiveram enorme importância nos anos seguintes à derrota alemã.

Esse mesmo ardor modernista em favor da tecnologia de ponta não se fez representar nas artes. Apesar de Hitler originar-se do meio boêmio e artístico de Viena e de Munique, sua apreciação estética era arcaica. Detestava o cubismo, o expressionismo, o fauvismo, e qualquer outro "ismo" que se lhe apresentasse.

Por sua instância, promoveu exposições em Munique e, depois, por boa parte da Alemanha do que denominou de "arte degenerada" (*Entartentekunst*) no sentido de pôr em ridículo as obras dos artistas selecionados quando confrontadas com aquelas indicadas por ele, obedientes à "estética ariana".

Se isso contradiz determinadas vocações da modernidade da parte de Hitler, não invalida de todo o compromisso dele com sua época. Mesmo que Ernst Nolte o tenha considerado um agente da reação antimodernista, ele foi de fato expressão radical da modernidade, ou melhor, uma forma altamente deformada senão que grotesca de a modernidade se expressar.

Hitler e o bolchevismo

De certo modo, ele, sobrevivente da Primeira Guerra Mundial, foi subproduto da Revolução Russa de 1917. O pavor que os bolcheviques provocaram na Europa Ocidental deitou profundas raízes emocionais na Alemanha, mais do que em qualquer outra nação ocidental. E a razão disso era a existência interna de uma poderosa tradição esquerdista de origem marxista que dominava o mundo sindical e trabalhista alemão desde a parte derradeira do século XIX. Tirando-se a Rússia, nenhum outro país tinha as ideias e as doutrinas de Marx tão enraizadas como a Alemanha dos começos do século vinte. Os poderosos partidos Social-Democrata (SPD) e Comunista (KDP) eram sólidos e atuantes em todas as esferas da vida pública e social da nação.

Para muitos cidadãos de classe média e dos setores mais abastados, aquilo era uma bomba-relógio que poderia a qualquer hora vir a explodir num momento de crise profunda. Somente um movimento anticomunista violento, implacável e de grandes proporções poderia erradicar definitivamente sua influência e sua importância na vida do país. E não só isso.

Entenderam, por igual, que Hitler, numa etapa posterior, estava missionado em destruir o bolchevismo no seu ninho, na Rússia de Stalin, executando o papel de contrarrevolucionário, substituindo os generais czaristas, como Koltchak, Denikin e Wrangel, que haviam fracassado na sua tentativa de liquidar com "os vermelhos" na guerra civil de 1918-1921.

Pode-se entender o aparecimento de Adolf Hitler no cenário europeu do pós-Primeira Guerra Mundial como obediente à III Lei de Newton, a que diz que "a toda ação há sempre uma reação oposta e de igual intensidade".

É possível que o historiador Ernst Nolte não esteja equivocado quando afirmou que o nazismo foi uma espécie de espelho invertido do bolchevismo levado à quinta potência. A "liquidação da burguesia", proclamada pelos leninistas na União Soviética, teve o seu equivalente na "aniquilação da judiaria". O Gulag inspirou Auschwitz, e as leis stalinistas do trabalho forçado tiveram a sua equivalente na imposição do trabalho escravo dos nazistas.

O tiro no pescoço do executor da Tcheka-GPU, supervisionado por Laurenti Beria, pela câmara de gás da *Totenkopf SS*, comandada por Heirich Himmler e a fria impassibilidade homicida de Stalin tiveram como resposta a histérica compulsão hitlerista pelo assassinato em massa.

Sem dúvidas, é inegável que um abismo de propósitos separava a Revolução Proletária dos bolcheviques da Revolução Parda nacional-socialista. Lenin e seus seguidores tinham um compromisso com a humanidade.

Acreditavam que, partindo da Rússia, lutando contra o capitalismo e os setores dirigentes tradicionais, conseguiriam emancipar os homens e as mulheres da exploração econômica e do despotismo do governo de classes. O seu norte sempre se pautou pela implantação universal da igualdade. O internacionalismo deles não era de ocasião, mas expressava os anseios maiores da causa abraçada, herdada da tradição socialista do século XIX.

Nada mais distante disso do que as intenções de Hitler. Ele foi o campeão do egocentrismo étnico, cultural e racial alemão. Nunca desenvolveu, nem abstratamente, qualquer simpatia pela causa da humanidade. O centro da sua *Wel-*

tanchauung, sua visão de mundo, era somente o povo alemão e sua grandeza como *Herrenvolk*, como um "povo de senhores". O destino dos outros lhe era absolutamente indiferente.

O maior dos irresponsáveis

Além de agenciar a execução do assassinato em massa, o que impressiona em Hitler como chefe de estado foi sua abismal irresponsabilidade. Como ele imaginou supor haver possibilidade de a pequena Alemanha, encravada na Europa Central, sem acesso aos recursos coloniais, conseguir mover com sucesso uma guerra simultânea contra o Império Britânico, contra a União Soviética e contra os Estados Unidos?

Ainda que ela contasse com aliados europeus e o Japão do Micado, sempre esteve em inferioridade frente à coligação dos inimigos. A tal imperativo Hitler sempre respondia que a qualidade superior do soldado alemão compensava a desigualdade material e bélica frente aos aliados. E, mesmo ciente do desastre que foi a aventura napoleônica na Rússia, em 1812, ele seguiu-lhe as pistas pela estepe afora.

Qualquer uma das potências adversárias tinha mais recursos territoriais, materiais e humanos, superiores, imaginem as três coligadas (GB-EUA-URSS), como passou a ocorrer a partir de 1941! O desastre final foi inevitável, com a Alemanha perdendo quase a metade da sua população masculina, entre mortos e feridos, tendo suas principais cidades reduzidas a escombros.

Talvez não houvesse qualquer outro homem de estado da história moderna que colhesse um resultado tão adverso às suas ambições como ele. Quando entrou em guerra em

1939 queria a Alemanha entre as maiores nações do mundo, senão que a única potência europeia; seis anos depois a deixou destruída e ocupada pelos vencedores, em 1945. E lá ficaram por quase meio século.

Outro aspecto é importante ressaltar. Historicamente há uma complacência para com as guerras de conquista provocadas pelo pauperismo do povo invasor. Como foi, por exemplo, o caso do expansionismo árabe-muçulmano dos séculos VII e VIII, motivado em larga parte pela necessidade das tribos do deserto em dominarem civilizações superiores às suas para dar solução à fome e outras carências básicas.

Nada disso se aplica à Alemanha nacional-socialista. Na segunda metade da década de 1930, o país se encontrava plenamente recuperado da crise de 1929, inclusive dando sinais de carecer de mais mão de obra.

O padrão alimentar e habitacional geral havia melhorado substancialmente, o que ampliou enormemente a adesão ao regime. Quando Hitler lançou-se contra a Polônia, em 1.º de setembro de 1939, jogando o mundo na guerra, nenhum cidadão alemão estava desprovido de comida ou ameaçado em ver reduzida a sua dieta, o que evidentemente causou perplexidade e depois furor naqueles que foram invadidos, particularmente nos russos.

Críticos

Num filme premonitório sobre o destino da Alemanha, aparecido em 1922, o diretor Fritz Lang, um dos expoentes do expressionismo cinematográfico, narra as peripécias e malfeitorias de uma figura criminosa sinistra: o doutor Mabuse. Dotado de forte poder hipnótico e persuasão, ele lidera um grupo de escroques e não tem dificuldade em seduzir suas vítimas, arrancando-lhes todos os recursos, reforçando seus poderes malignos ao tempo em que os leva à perdição. Essa fantasia de um filme de horror bem pode ser aplicada à crônica da ascensão de Adolf Hitler ao governo da república. Berthold Brecht, o teatrólogo ligado aos comunistas, quando no exílio, em 1941, na peça satírica intitulada "A resistível ascensão de Arturo Ui" (*Der aufhaltsame Aufstieg des Arturo Ui*), comparou Hitler e os nazistas a uma gangue de mafiosos de Chicago. Por igual, a figura de Hitler serviu para incontáveis fotomontagens grotescas e caricaturais feitas por John Heartfild (pseudônimo de Helmut Herzfeld), que passaram a circular no diário *Die Rote Fahne* e no semanário *Arbeiter-Zeitung Illustrierte* (ou AIZ), a partir de 1930, extraordinariamente proféticas sobre o que terminaria por se impor na Alemanha, o que garantiu ao autor um ódio visceral dos nazistas e sua forçosa saída da Alemanha em longo exílio, a partir de 1933. Thomas Mann, o maior escritor alemão então vivo, entendeu-o um ressentido, "um bruto com mãos histéricas". Nada disso, entretanto, fez cessar a marcha de Adolf Hitler ao poder e, em seguida, à catástrofe.

De Weimar à ascensão ao poder (1918-1933)

A república de Weimar, que nascera sob os escombros da derrota militar na guerra de 1914-1918, iria sucumbir perante o descalabro econômico provocado pela depressão iniciada em 1929. Apesar de ter sido proclamada na cidade dos poetas Goethe e Schiller, ela nunca foi estimada ou respeitada; no máximo, tolerada. Os políticos que a lideraram durante os quatorze anos da sua existência (1918-1933) não se esforçaram muito para consolidá-la e torná-la aceita. Perante a ameaça de uma revolução espartaquista, a extrema esquerda alemã, que se alçara em 1919, e os setores conservadores da sociedade alemã consideravam-na como um mal menor e passageiro.

A geração que se criou no pós-Guerra era cética, cínica e tendente a aceitar a violência no cotidiano político. Grupos de sobreviventes da guerra, principalmente a oficialidade, não estavam em condições de se habituarem às práticas do jogo democrático. Haviam passado quatro anos em trincheiras dando e recebendo ordens que deveriam ser rigidamente cumpridas. Para eles o valor da vida humana atingiria o grau mais baixo. Seus olhos se haviam habituado às matanças inúteis e irracionais que caracterizaram o conflito 1914-1918. Por outro lado, para o alemão comum era incompreensível que sua Deutschland, outrora todo-poderosa, tivesse que se sujeitar às terríveis humilhações impostas pelo Tratado de Versalhes.*

Daí ser compreensível a crença, inteligentemente difundida pelo exército, da "punhalada pelas costas" executada por judeus, comunistas e interesses estrangeiros, prejudicando o esforço de guerra alemão.

A Constituição de Weimar

A Constituição de Weimar, elaborada em 1919, foi fundamentalmente um documento de compromisso. Procurou um equilíbrio entre o unitarismo e o federalismo, o

---

* As imposições dos aliados, denominadas de "ditado" pelos nacionalistas alemães, compreendiam:
– reconhecimento da independência da Áustria;
– devolução dos territórios da Alsácia-Lorena à França;
– devolução à Polônia das províncias de Posen e Prússia Ocidental;
– as cidades alemãs de Malmedy e Eupen passariam para o controle da Bélgica;
– a província do Sarre, rica em carvão, passaria para o controle da Liga das Nações por 15 anos;
– a região da Sonder/Jutlândia deveria ser devolvida à Dinamarca;
– proibição de funcionamento da aeronáutica militar alemã;
– o seu exército reduzido para, no máximo, cem mil soldados;
– proibição da fabricação de tanques e armamentos pesados;
– redução da marinha alemã para 15 mil marinheiros, seis navios de guerra e seis cruzadores;
– entrega de locomotivas e navios de cabotagem;
– pagamento aos países vencedores, principalmente França e Inglaterra, de uma indenização pelos prejuízos causados durante a guerra; esse valor foi estabelecido em 1920 no montante de 269 bilhões de marcos-ouro.

governo pessoal e o regime parlamentar, a burguesia patronal e o socialismo proletário, a vida coletiva e a preservação da individualidade. Compromisso que é possível durante um regime de estabilidade econômica; quando esta é rompida, o compromisso se desfaz. Os políticos da era weimariana caracterizam-se por seguir o ideal aristotélico do "meio-termo", procurando agir como mola de descompressão entre os setores conservadores e as novas forças desenvolvidas pela sociedade industrial. Ela, durante um tempo, serviu como um marco das conquistas da liberdade, da democracia, assim como dos direitos e das garantias sociais das classes trabalhadoras.

Quanto às classes dominantes tradicionais da Alemanha imperialista, foram especialmente tratadas pelo regime republicano. Não foram submetidas a expropriações nem à nacionalização de seus bens, obtendo grandes benefícios de um governo complacente. Contudo, isso não trouxe o apoio desses setores à república. Os objetivos dos conservadores eram recuperar sua posição tradicional como classe governante, destruir a odiada república, se possível restaurar a monarquia e pôr as classes trabalhadoras "em seu lugar", reconstruir o poder do Reich, revogar acordos de 1919 e devolver à Alemanha – a sua Alemanha – a posição dominante que havia tido na Europa.

Os integrantes da nova classe política dirigente, formada pela colisão de vários partidos (socialistas independentes, sociais-democratas, populistas e a direita nacionalista), sentiam-se inseguros com a nova elite dominante depois de terem feito suas carreiras como subordinados à velha burocracia imperial do II Reich.

"O ovo da serpente"

Num dos estados mais conservadores do antigo Reich alemão – a Baviera – surgirá o embrião de um novo movimento de massas, assentado principalmente em antigos combatentes do VI Exército bávaro. Desmobilizado e situado como informante do exército e instrutor ideológico anticomunista, Adolf Hitler termina por entrar em contato com um obscuro grupo denominado pomposamente de *Deutsche Arbeiterpartei* (Partido Operário Alemão). Em pouco tempo revelou sua extraordinária capacidade de orador, propagandista e organizador. Dotou o partido de uma infraestrutura que triplicou o número de simpatizantes, a maioria dos quais ainda não havia despido seus uniformes. Parte por se haver acostumado a ele e parte devido à carência de vestuário civil. Na política bávara do pós-guerra encontravam-se incontáveis grupos denominados *Freierkorps* (Corpos francos), que atuavam como milícias parapoliciais, auxiliares das forças do exército acantonadas em torno de Munique.

Em 1923, Hitler já era uma figura regionalmente conhecida e acreditava-se com poder suficiente para tentar tomar o governo na capital bávara, golpe de força abertamente inspirado na Marcha sobre Roma, realizada pelos fascistas italianos a mando de Benito Mussolini, em outubro de 1922. Aliou-se a Ludendorff, o antigo comandante em chefe da Reichwehr naquilo que passou a ser conhecido como *putch* de Munique de novembro de 1923. O fracasso do levante levou Hitler ao banco dos réus, onde graças a sua oratória tornou-se figura nacional. A justiça foi-lhe extremamente complacente em vista de ele ter sido um combatente voluntário e condecorado na Primeira Guerra Mundial. Condenou-o a um ano de reclusão.

O Partido Nacional-Socialista

Originalmente o partido nazista denominou-se de Partido dos Trabalhadores Alemães (*Deutsches Arbeit Partei*, ou DAP), cujo embrião surgira em 7 de novembro de 1918, por iniciativa de Anton Dextler, o serralheiro que convidou Hitler para associar-se à organização. Suas características básicas não deixam dúvidas sobre seu compromisso com o chauvinismo, o antissemitismo e o antibolchevismo. Nele logo se identificaram dois núcleos básicos.

A Sociedade Thule

Durch Blut zum Licht, durch Nacht zum Licht, durch Kampf zum Sieg, durch Glaube zur Tat, durch Tat zur Freiheit.

("Através do sangue em direção à luz, da noite para a luz, através da luta até a vitória, da crença à ação, da ação à liberdade".)

(Propósito da Sociedade Thule)

O primeiro desses núcleos era de ordem ideológica, decorrente da adesão dos membros da Sociedade Thule (*Thule Gesellschaft*), uma ordem ocultista defensora das virtudes raciais, também chamada de *Deutsches Order*, liderada pelo sumo-sacerdote Dieter Eckhart, um satanista que exerceu forte influência sobre Hitler nos seus primeiros anos de ativismo em Munique. Foi ele quem o introduziu nos meios sociais mais elevados da Bavária, como também financiando o jornal do partido, o *Völkischer Beobachter*.* Ela tinha como símbolo a cruz suástica encimando uma das mãos numa espada e um dos seus intentos era substituir a Cruz de Cristo pela Cruz Gamada dos supremacistas arianos. A mitológica Thule era uma espécie de Jardim do Éden dos povos nórdicos, habitada pelos hiperbóreos, super-homens física e mentalmente perfeitos de quem, acreditavam os adeptos, os alemães herdaram suas virtudes maiores.

Fundada em agosto de 1919 pelo aventureiro barão Rudolf von Sebottendor, seus integrantes formavam uma espécie de "nobreza sacerdotal", tendo entre eles como figuras de maior nome o ideólogo Arthur Rosemberg, Max Amann, editor da revista *Der Schwarze Korps*, da SS, e quem sugeriu a Hitler dar o título de *Minha Luta* ao seu livro, Rudolf Hess, o secretário particular de Hitler, o professor Karl Haushofer (que sugeriu a Hitler valer-se da cruz suástica como símbolo do partido), o advogado Hans Frank (mais tarde governador-geral da Polônia ocupada) e o economista Gottfried Feder. Todos eles se tornaram personalidades expressivas do regime, dando-lhe alimento ideológico e mitológico.

Os velhos camaradas

Outro núcleo duro do partido foi composto pelos veteranos de guerra, pelos *Frontkämpfer*, os homens do *front*,

---

* Consta que Dieter Eckhart teria dito em seu leito de morte: "Sigam Hitler; ele dançará, mas fui eu que chamei a melodia. Eu o iniciei na Doutrina Secreta, abri seus centros de visão e lhe dei os meios para se comunicar com os poderes." (Trevor Ravenscroft, *The Spear of Destiny*, p. 91.)

que haviam servido com Hitler nas trincheiras, todos eles inconformados com o cenário do pós-guerra e com as humilhações impostas à Alemanha pelo Tratado de Versalhes, tendo na vingança futura sua razão de viver.

Estavam sempre próximos ao líder desde o tempo em que ele era apenas um agitador paroquial, acompanhando-o nas manifestações de rua, nos comícios e nas atividades de proselitismo e de propaganda, como estavam ao lado dele no episódio do fracassado *putsch* da cervejaria, ocorrido em 1923, em Munique.

Apoiaram-no igualmente quando ele decidiu acrescentar ao partido a denominação "nacional-socialista", alterando o nome da agremiação para NSDAP (*Nationalsozialistische Deutsche Arbeiterpartei*), assim como na introdução da cruz suástica num círculo branco dentro de uma bandeira vermelha, para marcar seu compromisso com a revolução social pretendida.

Hitler sempre os tratou com deferência. Eram os *Alte Kameraden*, seus "velhos camaradas", com quem fazia questão de partilhar os canecos de cerveja nas ocasiões festivas, como a celebração do levante de 8 de novembro, anualmente comemorada em Munique ou em Nuremberg, ou no registro da ascensão dele ao poder, em 30 de janeiro.

Liderados pelo ex-capitão Ernst Röhm, secundado por Heinrich Himmler, futuro chefe da SS, e por Franz Pfeffer von Salomon, o primeiro comandante das SA, além de Otto Wagener e do instável e amotinado Walter Stenes. Todos haviam militado nos corpos-francos (*Freierkorps*) durante as tentativas revolucionárias de 1918 e 1920, colocando-se ao lado das forças militares e do governo na luta contra a esquerda armada. Quando Hitler gostava de dizer nos comícios que "no começo nós eramos apenas sete homens, hoje a Alemanha inteira nos segue", certamente era a eles que se referia.

O uniforme deles surgiu de um modo inesperado, pois se tratava de uma carga de camisas pardas que seriam enviadas às tropas coloniais alemãs da Namíbia, na África, mas que terminaram ficando nos depósitos dos armazéns portuários da Alemanha impedidas de embarcar pela eficácia do bloqueio naval inglês.

A estrutura da organização

Obediente à estrutura hierárquica militar, o partido tinha no Führer sua autoridade máxima, havendo uma subdivisão entre a Secretaria-Geral (sob o comando de Martin Bormann) e a Organização Política (ao encargo do Doutor Robert Ley). Em cada uma das 42 divisões administrativas da república havia um *Gauleiter* (um líder regional que representava a autoridade do Führer), que, por sua vez, supervisionava os líderes distritais (*Kreisleiter*) e os ramos menores do partido, as células (*Kreis*) existentes nos bairros, nas fábricas, nos quartéis, nas escolas, nas universidades, nas repartições, etc.

Enquanto a milícia do partido formava os batalhões da SA, os jovens entre 10 e 18 anos, desde 1922, organizados nos moldes do escotismo, dividiam-se entre a *Hitlerjugen* (inicialmente denominado de *Jugendbund der NSDAP*, com 2,3 milhões de integrantes, liderada por Baldur Von Schirach, editor da revista *Wille zur Macht*, a "Vontade de Poder"), e a *Deutsche Mädchen*. A adesão, que nos começos era voluntária, se tornou compulsória a partir de 1936.

No transcorrer dos anos, eles assumiram funções paramilitares e, devido ao intenso treinamento militar a que eram submetidos, foram colocados como força de reserva, atuando como bombeiros no rescaldo dos bombardeamentos e auxiliando a população a salvar-se dos grandes incêndios depois dos ataques aéreos. Uma divisão blindada inteira da SS, a 12.ª *panzer*, foi formada com jovens de 16 e 18 anos: a *SS Hitlerjugen*, com 20.540 soldados, que combateu fanaticamente na Normandia por ocasião do desembarque aliado do Dia-D, em 1944. No final do conflito, 50% deles haviam perecido em combate.

Além disso, o partido abria-se às corporações e associações profissionais. Devido ao seu discurso biologicista, recebeu enorme adesão dos médicos e do pessoal ligado à saúde (nos anos 30, 43% dos doutores alemães ingressaram nas fileiras dos nazistas).

Com a rápida deterioração da república, cresceu enormemente o número de aderentes ao movimento. No campo, eram os pequenos proprietários rurais, mais dos que os grandes fazendeiros, quem mais ingressou nos quadros nazistas, sendo que nas cidades 1/3 dos operários aderiram a Hitler. Imenso também foi o apoio dos funcionários públicos assim como dos independentes e demais empregados de gravata.

O eleitor típico do nazismo era "um protestante de classe média, empregado por conta própria, que vivia numa comunidade urbana ou no campo, e que anteriormente votara por um partido político centrista ou regionalista", alguém que se opunha ao poder e à influência do gigantismo nos negócios e nos sindicatos. Igualmente foi enorme o apelo do nazismo junto aos desempregados, crescentemente desesperados pela ausência de qualquer horizonte que lhes indicasse um caminho (ver Seymour Martin Lipset – *O Homem Político*, p. 154 e segs.).

A hiperinflação de 1923

Quando os aliados ocidentais, vitoriosos de 1918, fixaram finalmente pelo Ultimato de Londres o valor da indenização de guerra a ser paga pela Alemanha, em 1921, a economia desabou. Exigiram o montante de 269 bilhões de marcos-ouro, que deveriam ser pagos em 54 prestações, além de repassar 26% do valor das exportações totais da Alemanha. A República de Weimar decidiu resistir ao abuso, simplesmente deixando o marco se desvalorizar. O resultado dessa política foi desastroso.

Entre janeiro de 1919 e novembro de 1923, o índice inflacionário alemão variou em um trilhão por cento (1.000.000.000.000%). Foi um dos piores da história, chegando-se ao ponto de queimar dinheiro em lareiras para aquecer-se contra os rigorosos invernos.

Os operários da construção civil carregavam o seu pagamento em carrinhos de mão e, obviamente, os batedores de carteira tiveram que arrumar outros meios de sustento. Se em 1920 um dólar estava cotado em 60 marcos, rapidamente saltou para 320 marcos no ano seguinte.

E, em dezembro de 1922, um dólar alcançou o valor de 8 mil marcos. Em janeiro de 1923, a situação se tornou aguda, visto que a França decidiu enviar tropas para ocupar a região carbonífera e industrial do Ruhr, exigindo que o pagamento das indenizações de guerra fossem feitos em carvão e outras mercadorias.

O dólar totalmente hipervalorizado foi estimado em 4,2 trilhões de marcos, sendo que um centavo (*penny*) passou a valer 4,2 bilhões de marcos.

Na vida cotidiana, isso se refletiu no fato de um quilo de pão custar 3 bilhões de marcos, um quilo de carne 36 bilhões, enquanto um modesto copo de cervaja alcançou a 4 milhões de marcos.

Na novela *Obelisco Negro*, Erich Maria Remarque registrou:

"Os operários recebem seus salários duas vezes por dia agora – de manhã e à tarde, com um recesso de meia hora de cada vez para que possam sair correndo e comprar as coisas – se esperassem algumas horas mais o valor do seu dinheiro cairia tão baixo que seus filhos não ganhariam a metade da comida suficiente para se sentirem satisfeitos."

MEDIDAS da hiperinflação na ALEMANHA
Variação percentual em várias medidas da inflação

Datas	Preços internos	Preço de dólares	Custo de vida*
Fevereiro 1920 a maio 1921	4,6%	-37,2%	39,2%
Maio 1921 a julho 1922	634,6%	692,2%	417,9%
Julho 1922 a junho 1923	18.094%	22.201%	13.573%
Julho 1923 a 20 de novembro de 1923	854000000000%	381700000000%	560000000000%

* Alimentos até junho de 1923, posteriormente com base em todos os itens. Estes dados foram calculados pelo Departamento de Estatística do Reich. Todos os dados são de *A Economia da Inflação: Um Estudo da Desvalorização Cambial no Pós-Guerra na Alemanha*, por Costantino Bresciani-Turroni (Kelley Augustus), p. 30, 33, 35-6.

O desespero do homem comum

Por certo que uma das melhores descrições da situação moral e psicológica do homem comum durante os anos duros da República de Weimar, acossado pela crise econômica, pela tensão da luta entre comunistas e nazistas e pela falta de oportunidades, foi a de Alfred Döblin, *Berlim, Alexander Platz*, aparecida em 1930. A novela de fato é um épico urbano escrita com técnicas modernistas que lembram uma colcha de retalhos, no qual um bom homem, Franz Biberkopf, ainda que desajustado, quando sai do presídio por ter cometido infrações de pouca monta, não consegue mais se equilibrar.

As tentativas que faz na busca de uma oportunidade fracassam sucessivamente, fazendo com que gradativamente Biberkopf, desintegrando-se psicologicamente, afunde nos desvãos do baixo mundo da grande metrópole.

A gigantesca cidade se lhe aparece como os vários círculos do inferno, dos quais ele foge sem conseguir jamais se alçar: "Terremoto, raios, trovão, trilhos rebentados, a estação revirada, bramidos, vapor, fumaça, tudo se foi, nuvens, nada se avista, nuvens, gritaria... eu sou sua, sou sua... (DÖBLIN, 1995, p. 321).

Recaindo na delinquência, falta de qualquer perspectiva, desesperado em meio ao sentimento de abandono e solidão que a metrópole provoca, termina em outras horas distribuindo o jornal nazista *Völkischer Beobachter* pelas quadras da Alexander Platz, lugar central, uma espécie de pátio dos milagres de Berlim dos começos do século XX.

Nenhum outro romance daquela época reproduziu melhor a dilaceração do homem comum e sua inclinação em aceitar

qualquer solução que o resgatasse do horror social em que vivia.
É uma enorme ironia em relação ao tão conhecido dito que se encontrava nos portões das cidades medievais alemãs que dizia: "O ar da cidade faz a liberdade" *(Stadtluft macht frei)*.

Na prisão como mártir

Hitler, forçado a cumprir sua pena no pequeno povoado de Landsberg, tendo uma condenação benigna, lá foi mantido de 11 de novembro de 1923 até o dia 20 dezembro de 1924. Mais tarde ele considerou aqueles meses de suave confinamento como altamente produtivos, visto que se dedicou a intensas leituras, ao tempo em que aumentava a sua legenda de mártir da causa patriótica.

Foi o tempo suficiente para elaborar sua obra política – *Mein Kampf* –, parcialmente ditada ao seu secretário particular, Rudolf Hess.

Livro que não apresentava ideias originais, sendo uma mescla de antissemitismo austríaco, teorias racistas recolhidas de leituras panfletárias e de feroz anticomunismo. O destino da Alemanha estava traçado. As obras de Goethe, Schiller, Hegel, Heine seriam em menos de dez anos obliteradas por uma subliteratura irracionalista da qual *Mein Kampf* foi fonte inspiradora.

Os anos de 1925 a 1929 foram de relativa estabilidade econômica e política. Uma série de planos vinculados com o exterior havia mantido a economia alemã, e inclusive aumentado seu rendimento. Mesmo assim, a Alemanha apresentava um paradoxo. Era o único país industrializado do mundo que não exportava capitais, e sim os recebia (os Estados Unidos investiram cerca de 8 bilhões e meio de dólares entre 1921 e 1928). Os nazistas, nas eleições de 1928, atingiram apenas 2,6% dos votos, sendo que os partidos de esquerda (social-democratas e comunistas) alcançaram a elevada marca dos 40%.

Quando Hitler saiu da prisão, os grupos de direita estavam em frangalhos e ninguém de bom-senso poderia supor que ele viria algum dia tornar-se chanceler da república. Para muitos, ele era uma figura politicamente liquidada.

Classe média e depressão

Por mais contraditórias que sejam as opiniões dos historiadores e analistas do nacional-socialismo, num ponto todos concordam: a crise econômica que se desenrolou a partir de 1929 e o desespero que se abateu sobre a classe média foram determinantes na projeção de Hitler no cenário nacional alemão e dali ao poder.

De fato, esses dois fatores conjugados atuaram de maneira decisiva na modificação radical da política da época.

Se a democracia weimariana era tolerada, a ditadura nazista passou a ser aguardada. O que teria levado a pequena burguesia alemã a esvaziar seus tradicionais partidos liberais e conservadores e a rumar eufórica para a estrada da ditadura fascista?

A resposta a esse problema encontra-se num passado não muito distante. Com o término da Guerra de 1914-1918 e as sucessivas crises econômicas oriundas da reconversão e de uma escandalosa inflação (1923), a classe média, que usufruía rendas fixas, ficou profundamente abalada. Seu *status* social viu-se reduzido a níveis proletários. O amargo sentimento de inferioridade social grassou entre seus integrantes.

Afinal, deve-se recordar que a Alemanha era um país dominado pelo espírito pequeno burguês, situação aliás muito ironizada por intelectuais como Heine, Engels, Nietzsche e outros.

Todavia, não foi somente o empobrecimento material que atuou como peso na balança política da classe média. A própria conjuntura da sociedade moderna implicava uma polarização de forças. Presa como marisco entre os vagalhões sindicalistas e o rochedo dos cartéis industriais, a classe média tentou desesperadamente uma "terceira via", fundamentalmente restauradora de seu antigo prestígio social. É dentro desse contexto que podemos compreender a mudança da atitude da classe média.

Alan Bullock, um dos mais categorizados biógrafos políticos de Hitler, lastimou a inexistência de um forte e sólido partido liberal que pusesse freio à escalada nazista. Acontece que o liberalismo político só sobrevive em períodos de relativa estabilidade. Quando a crise surge, por si só implica uma tomada de posição, uma opção radical, e historicamente as classes médias liberais juntam-se aos mantenedores da "lei e da ordem" contra qualquer veleidade revolucionária. Na Alemanha dos anos trinta, o campeão da legalidade era Adolf Hitler.

A depressão econômica do fim da década dos anos vinte pode ser encarada como um marco histórico. Decretou o arquivamento da teoria do liberalismo clássico – o *laissez--faire* – e marcou a predominância do pensamento de Keynnes na economia política moderna. A era do estado liberal, não intervencionista, flutuando harmoniosamente ao livre jogo dos interesses do mercado, como recomendavam Adam Smith, David Ricardo e seus seguidores, foi definitivamente enterrada. Surgiu do pós-crise um novo tipo de Estado, dotado de tal poder que o "Leviatã" de Hobbes passaria como um modelo de tolerância e liberalismo.

Como já vimos, os investimentos dos Estados Unidos na economia alemã eram os mais elevados que um país industrializado poderia admitir. E foi justamente nesses dois países que a crise mais profundamente feriu. Apesar dos ufanismos e arroubos panglossianos do presidente Hoover, a produção industrial americana havia sido reduzida a níveis anteriores aos da Primeira Guerra. Em 1932/33, a massa dos desempregados atingiu a cifra de 12 milhões de indivíduos. Na Alemanha, país dependente dos agora esquivos capitais americanos, a situação aproximou-se da catástrofe nacional.

De ocupante do segundo posto na produção industrial mundial, passou para o quinto; sua renda nacional reduziu-se de forma até então desconhecida; o desemprego atingiu a marca dos 7 milhões, sendo que a rede bancária chegou à beira da falência devido às retiradas em massa. A estrutura econômico-social manteve-se pela socialização das perdas, pois o estado assumiu os encargos do setor privado.

O resultado político direto da crise foi o desmantelamento definitivo da coalizão dos social-democratas, conservadores monárquicos e burgueses nacionalistas que dominava república desde os seus começos, favorecendo a ascensão dos nacionais-socialistas. Os nazistas apareceram como "a grande novidade".

As alternativas da política econômica

As soluções para sair da crise não eram fáceis de serem adotadas. Descartada a alternativa socialista, poderíamos apontar as seguintes:

a) Seguir o caminho da desvalorização pura e simplesmente, como já havia sido feito pelos ingleses. Todavia, acarretaria uma série de medidas idênticas às tomadas por outros países, o que anularia seu efeito; além do mais, nenhum político alemão arriscaria sua carreira numa medida cujo amargo gosto a população já havia provado durante a inflação de 1923.

b) Aceitar indiscriminadamente os investimentos estrangeiros (proposta inglesa e francesa), o que acarretaria a colonização econômica e política da Alemanha.

c) Por último, a solução nacional-socialista: abrir o caminho para a industrialização bélica e incentivar as obras públicas para solucionar o problema do desemprego. Por meio da ameaça de recorrer às armas, feita por uma Alemanha remilitarizada, abrir mercados exteriores, os quais propiciariam divisas para a obtenção da matéria-prima.

A adoção final desta última opção tornou-se possível devido à irreparável divisão dos partidos da esquerda proletária e a decisão dos circuitos conservadores em fazer de Adolf Hitler um sócio no governo.

Situação eleitoral na Alemanha de Weimar (1928-1932)

Eleições p/*Reichtag*	Partidos socialistas (SPD e KDP)	NSDAP (nazistas)	Partidos de centro	Outros partidos de classe média
20.5.1928	40,5	2,6	15,1	41,8
14.9.1930	37,6	18,3	14,8	29,3
31.7.1932	36,2	37,4	15,7	10,7

Fonte: Martin Broszat – *The Hitler State*, p. 1.

As leituras de Hitler

Ainda que privado de uma educação formal, nada além do que ultrapassasse os anos de ginásio em Linz, na Áustria, Adolf Hitler, no transcorrer da sua vida adulta, se transformou num leitor compulsivo. Uma parte considerável dos volumes que pertenciam a sua coleção particular, encontrados depois da vitória aliada em 1945, foi parar nas bibliotecas da América do Norte ou soviéticas, o que serviu para a realização de uma interessante pesquisa feita pelo historiador americano Timothy W. Ryback sobre os principais títulos que agiram sobre a mente do Führer alemão.

Hitler, fascinado por projetos arquitetônicos.

Leituras nas trincheiras

Durante a Primeira Guerra Mundial, Hitler serviu na perigosa missão de ser mensageiro; em alemão, era um *Meldegänger*. Sua função requeria que ele estive sempre atento para levar ordens de uma trincheira a outra, passando assim por vários momentos de altíssimo risco, pois, a descoberto, via-se alvo de tiros e bombas dos inimigos. Foi ferido em duas oportunidades, sendo que na vez derradeira, no final do conflito, inalou gás venenoso. Todavia, a atividade, ainda que perigosa, permitia pausas, nas quais ele, em descanso na retaguarda, se dedicava à leitura.

Além do pensador Schopenhauer, de quem ele leu *Die Welt als Wille und Vorstellung*, "O Mundo como Vontade e Representação", aparecido em 1818, um livro enorme se bem que de razoável entendimento em se tratando de prosa filosófica alemã, interessou-se pelo ensaio de um arquiteto chamado Max Osborn, dedicado aos prédios de Berlim. Era um aporte crítico, xenófobo e profundamente hostil a estilos que não fossem "genuinamente alemães". Pode-se dizer que as observações de Osborn marcaram para sempre a posição de Hitler contra tudo o que não fosse *virklich deutsch*, "verdadeiramente germânico", em arte ou estética.

Quando ele deambulava pelas ruas de Viena, pintor ocasional, um tanto como artista da fome, época que ele denominou "os cinco anos mais tristes da minha vida", sentiu-se atraído pela revista *Ostara*, publicação profundamente antissemita editada por um monge católico chamado Lanz von Liebenfels, o que definitivamente o alinhou aos que eram fóbicos aos judeus.

Hitler, numa entrevista, minimizou a importância de Nietzsche na sua formação, pois, comparando-o com Schopenhauer, achou o recluso de Weimar excessivamente *artista*, sem ser um pensador rigoroso, e que pouco o ajudou na construção ideológica do nazismo.* Soldados, colegas dele, nas folgas, sempre o viam com os olhos metidos nas páginas, buscando conhecimento com sofreguidão. Ao término da matança, em novembro de 1918, era um veterano fortemente identificado com os valores gerais e os mitos da direita alemã, entre eles a legenda difundida pelos generais de que a perda da guerra resultara da *Dolchstoss*, a "punhalada nas costas", aplicada por judeus e comunistas contra o esforço bélico nacional, não restando a *Reichwehr* senão que sugerir a capitulação do Kaiser frente aos aliados.

A politização

Foi em meio ao caos político que se sucedeu à queda do II Reich na Alemanha que Hitler ingressou como militante na pequena agremiação intitulada de Partido dos Trabalhadores Alemães. Logo, assumindo-lhe a liderança e introduzindo a cruz suástica como símbolo oficial, alterou-lhe o nome para NSDAP *(Nationalsozialistische Deutsche Arbeiterpartei,* "Partido Nacional-Socialista dos Trabalha-

---

* Hitler, nos começos dos anos 30, visitou o Nietzsche-Archiv, mantido por Elizabeth Förster-Nietzsche, a irmã do filósofo, em Weimar. Esta era uma franca admiradora do nazismo, a tal ponto que presenteou o Führer com a bengala preferida do irmão, o que lhe rendeu, quase em seguida, apoio do regime para a preservação da documentação. Muito do jargão nazista foi, desde então, retirado das obras de Nietzsche (*Wille zur Macht*, por exemplo, "vontade de poder", foi uma das tantas expressões do autor de *Zaratustra* que foi incorporada na ocasião.

dores Alemães"), acentuando-lhe a conotação racista e anticomunista.

O seu programa geral, os famosos *25-Punkte-Programm*, os 25 pontos, insistia na retomada da bandeira da total unidade alemã entre "o sangue, cidadania e o estado" e na anulação dos efeitos nocivos do Tratado de Versalhes (acordo assinado pelos políticos da República de Weimar com os aliados vencedores de 1918 que ferira profundamente a dignidade nacional do país).

Quem assumiu sua tutela naquela ocasião em Munique foi um homem de letras chamado Dietrich Eckart, tradutor de Ibsen e encenador profissional, que passou a orientar o ex-soldado nos caminhos da leitura programática e nas habilidades da escrita. Eckart logo descobriu virtudes excepcionais naquele militante até então obscuro, tratando de apresentá-lo nas rodas dos conservadores bávaros. E por ser ligado ao teatro, burilou-lhe as expressões, melhorando seus exercícios de oratória.

O fato de Hitler ter vindo direto das trincheiras era um ponto fortemente favorável, pois alguém com aquela experiência, um homem que se expunha diariamente ao risco não temeria enfrentar os conflitos de rua entre revolucionários e contrarrevolucionários que se espalhavam pela Alemanha inteira. "Precisamos", disse o mentor dele, "de alguém para nos liderar que esteja acostumado ao som de uma metralhadora".

Certamente foi a leitura que ele fez de uma brochura divulgada por Anton Drexter, o verdadeiro fundador do partido nazista, intitulada *Mein Politiches Erwachen*, "Meu Despertar Político" (Munique, 1919), que o fez pensar uns anos mais tarde, quando estava preso na Fortaleza de Landsberg (em razão do fracasso do *putsch* de 1923, liderado por ele e pelo general Luddendorf), em igualmente deixar o seu depoimento sobre como se transformou de um homem comum, um sujeito anônimo, um dos tantos que fizera a guerra, num líder de um movimento que pretendia empolgar e conquistar a Alemanha: o *Mein Kampf* ("Minha Luta", 1924-6).

Dietrich Eckart, mentor intelectual de Hitler (1868-1923).

Chegou inclusive – provavelmente pelas leituras que ele fez dos diversos relatos guerreiros de Ernst Junger, tais como *Stahlgewittern, Der Kampf als Inneres Erlebnis* e *Feuer und Blud*, respectivamente "Tempestade de aço", "A luta como experiência interna", e "Fogo e sangue", aparecidos entre 1920 e 1925, um dos poucos ex-combatentes alemães que exultou em ter participado da carnificina de 1914-1918 – a cogitar em deixar uma memória sobre a sua atuação no *front* da Grande Guerra.

Racismo e antissemitismo

Além de ter se abastecido por toda literatura antissemita barata que circulava livremente entre Viena, Munique e Berlim, dois livros em particular despertaram a atenção dele para "o problema judaico": o primeiro foi o famoso ensaio publicado por ninguém menos do que Henry Ford (*Der Internationale Jude,* "O Judeu Internacional"); o outro foi do advogado nova-iorquino e ambientalista Madison Grant (na tradução alemã, *Der Unterganag der Grossen Rasse,* "O Declínio das Grandes Raças" 1925). Ambos obcecados pelas questões da influência do semitismo na sociedade ocidental.

Foram obras que apenas reforçaram mais seus pendores xenófobos e germanistas, visto que o seu verdadeiro patrono no assunto tinha sido Houston Stuart Chamberlain, um inglês germanizado que escrevera o bem-sucedido *Grundlagen des Neunzehnten Jahrhunderts,* "Os Fundamentos do Século XIX", de 1899, exaltando os alemães como os mais autênticos herdeiros da mítica raça superior dos arianos.

Vibrou igualmente com os quatro volumes que conseguiu da *Deutsche Köpfe Nordischer Rasse,* a "Tipologia Racial do Povo Alemão", de 1927, pesquisa de um antropólogo da universidade de Jena chamado Hans F.K. Günther, apelidado de *Rassenpapst,* "o papa do racismo", que pretendeu ser uma ampla coletânea dos "tipos germânicos" mais significativos espalhados pelo país, assim como as diversas facetas dos judeus alemães (que ele considerou um "corpo asiático" incrustado no organismo social alemão). Mais tarde, com Hitler no poder, ele foi considerado "orgulho do NSDAP".

A divisão da biblioteca de Hitler

Num levantamento feito em 1942, constatou-se que a biblioteca particular de Hitler, agora imensa, devido às novas aquisições e incontáveis presentes trazidos pelos admiradores, com mais de 16 mil volumes, subdividia-se em três grandes áreas de interesse:

1.ª) **Seção militar** (com 7 mil volumes) na qual despontavam os livros de Von Clauzewitz, a biografia do estrategista Von Schliffen e incontáveis registros de campanhas militares de reis alemães, particularmente de Frederico, o Grande, e as de Napoleão. Além disso, contava com farta bibliografia de temas técnicos de guerra (aviões, tanques, armamento leve e pesado, etc.), pelo qual ele manteve crescente interesse conforme a Segunda Guerra Mundial se ampliava. Também comportava um número elevado de biografias de estadistas e personagens históricos famosos (de César, de Frederico, o Grande, de Von Bullow, etc.). Havia ainda um tanto de ficção popular (Hitler, como tantos alemães do seu tempo, era admirador do popularíssimo Karl May, escritor de livros juvenis de aventuras que centrava suas histórias no Velho Oeste americano sem nunca ter posto os pés por lá), que oscilava entre 800 e mil volumes.

2.ª) **Seção de temas artísticos** (1,5 mil títulos), com livros de arquitetura, teatro, pintura, escultura e fotografia (em especial a edição de *Olympia*, que lhe foi presenteada pela cineasta Leny Riefensthal, em 1936). A paixão dele pela arquitetura explica por igual a infinidade de autores daquela área.

3.ª) **Seção dedicada ao ocultismo**, à astrologia e ao espiritualismo, todos conhecidos talismãs intelectuais da extrema direita. Livros de alquimia e de ciências ocultas, como o manual *Geheime Wissenschften*, misturavam-se a álbuns com fotos de constelações estrelares (cerca de 6 mil volumes). Comportava ainda o livro *Lei do Mundo*, de Max Riedel, *Corpo, Espírito e Razão Viva*, de Dicaearchos Carneades, um antigo filósofo grego ligado às adivinhações e ao processo que envolve o homem em sua tomada de decisões, e um volume de *Die Grandlagen des Nationalsozialismus, Os Fundamentos do Nacional-Socialismo*, de 1936, do bispo Alois Hudal, um integrante do alto clero austro-alemão que propôs uma frente católico-fascista para deter a ameaça do comunismo, bem como o semi-ilegível livro do ideólogo nazista Alfred Rosemberg, intitulado *Der Mithus des 20 Jarhunderts*, "O Mito do Século XX", numa edição de 1940, obra que Hitler detestava por ser impenetrável.

O fim da biblioteca

Distribuída entre a Chancelaria do Reich, o *bunker* em Berlim e sua propriedade alpina em Obersalsberg, a biblioteca privada de Hitler foi inteiramente pilhada pelos soldados aliados, americanos e soviéticos, logo em seguida da ocupação da Alemanha, em 1945. Muito do material foi parar em academias norte-americanas (Brown University) ou na Biblioteca do Congresso, onde ganhou um setor especial. A parte levada pelos russos para Moscou ficou longamente abandonada, até que recentemente terminou dissolvida, pulverizada entre outras estantes moscovitas.

A formação do pensamento político de Hitler

A costumou-se a pensar ter sido Adolf Hitler, morto em 1945, uma vergonha dentro da Civilização Ocidental e Cristã, espécie de excrescência política sem raízes na nossa tradição. A indução a esse tipo de erro deve-se em parte à conceituação de ser essa civilização apresentada como um monopólio identificado com os princípios do humanismo, do liberalismo e da tolerância, omitindo-se discretamente sua latência colonialista, racista e agressiva, que germinava na cultura ocidental.

Hitler (pôster de 1932).

Antes de apresentarmos os argumentos necessários a refutar as considerações iniciais, acreditamos ser necessário alertar para as dificuldades que se antepõem àqueles que pretendem rastrear suas origens ideológicas. Em primeiro lugar, Hitler sempre manifestou clara ojeriza ao intelectualismo, dando ênfase ao primado da vontade e da ação.

Em segundo lugar, a totalidade da sua obra política ainda não foi reunida, sendo que ele próprio empenhou-se em evitar uma edição dos seus discursos.

A razão disso é simples. Todo e qualquer político de massas como ele foi, um sedutor de multidões, é obrigado a realizar pronunciamentos muitas vezes contraditórios, oscilando suas opiniões conforme o momento ou o público.

Sendo crente no princípio da infalibilidade da liderança – o *Führerprinzip* –, Hitler não admitia que encontrassem em seus pronunciamentos incoerências ou idiossincrasias que causassem dúvidas ou lançassem sombras sobre sua integridade política.

Portanto, enquanto não for realizado o levantamento completo de seus discursos, e boa parte deles se encontram transcritos no órgão oficial do partido nacional-socialista – o *Völkischer Beobachter* – devemos nos contentar com o *Mein Kampf,* publicado em 1925, ou as anotações feitas nas *Tischgespraechen* e ainda o *Adolf Hitler in Franken*.

Análises sobre Hitler

O papel de Adolf Hitler gerou uma bibliografia verdadeiramente pródiga e, em geral, de excelente nível, tais como as de Ernst Noite (*Der Faschismus in Seiner Epoche*); a de Karl D. Bracher (*Die Deutsche Diktatur*); a do historiador britânico Alan Bullock (*Hitler: A Study of a Tirany*) e o mais recente trabalho de Joachim Fest (*Hitler*), que anteriormente já se havia consagrado com a notável *Das Gesicht des Dritten Reiches*.

Devemos lembrar ainda o livro do professor J.P. Stern (*Hitler: The Führer and the People*), editado há pouco menos de sete anos, caracterizado pelo seu esforço de síntese e brilho intelectual. Merece um especial destaque a imensa obra de Ian Kershaw, editada em dois tomos: *Hitler, 1889-1936 Hubris*; *Hitler, 1936-1945 Nêmesis*, aparecidas em 1998 e 2000, e traduzidas pela Companhia das Letras em 2010.

Quase todos esses trabalhos foram sob o prisma da interpretação liberal ou social-democrata, correntes que até agora se mostraram mais ativas na sua tentativa de compreensão do nacional-socialismo.

Hitler segundo o marxismo

Não deixa de parecer estranho que até os nossos dias o pensamento marxista foi incapaz de produzir um trabalho clássico sobre o seu principal e formidável inimigo, aquele que desejava exterminá-lo. A literatura marxista não tem sido feliz em suas análises, demonstrando uma impotência teórica abrumadora. Repete *ad nauseam* os conhecidos ditos de ter sido Hitler o representante máximo da "ditadura do capital financeiro" ou o "tirano do capitalismo monopolista", terminando por reduzir o nazismo a um epifenômeno da economia, não apresentando nenhuma razão mais racional para o povo alemão ter aderido às suas propostas.

Por outro lado, essa impotência é reveladora da sua derrota nos anos vinte e trinta frente ao nazi-fascismo. A tantas vezes repetida afirmação de Hitler ter sido representante do "capitalismo monopolista", particularmente pelos ideólogos do stalinismo, não se confirmou.

Estudos detalhados mostraram o apoio da grande indústria; os poderosos cartéis que controlavam a produção alemã, somente se curvaram frente a ele depois da chegada dele ao poder, pois até então eles apoiavam preferencialmente o DNVP *(Deutschnationale Volkspartei)*, o Partido Conservador, liderado pelo barão da mídia Alfred Hugenberg.

O caminho prussiano

Enquanto os jacobinos e girondinos franceses destroçavam as amarras do *Ancien Regime* por meio de um processo revolucionário que sepultou a nobreza feudal, aos intelectuais alemães coube historicamente realizar uma "revolução pelo espírito", que produziu apenas excelentes tratados filosóficos.

Não está longe da verdade a imagem de terem os pensadores alemães se debruçado sobre as margens orientais do Reno e assistido embevecidos às façanhas irreverentes de seus vizinhos, mas sem nada promoverem no seu país.

Alguns mantiveram esperanças de que o "espírito da razão" atravessasse às braçadas o rio e emancipasse a nação alemã. Mas não foi o "espírito", e sim o grande exército napoleônico quem se apossou por sete anos da Alemanha.

Não foram os argumentos iluministas os mais convincentes na derrubada dos costumes feudais, mas sim a artilharia francesa. Assim, na Alemanha, o liberalismo vinculou-se inarredavelmente ao exército de ocupação – a algo estranho a ser rejeitado pelos "verdadeiros alemães". E quando se deu o desabamento do império napoleônico, a vitória coube às forças conservadoras feudais da Santa Aliança, coligação tradicionalista e aristocrática que continuou a gozar de prestígio entre a população alemã.

Otto von Bismarck, unificador da Almanha.

Na medida em que se considerava impotente para derrubar o poderoso estado militar-feudal prussiano sediado em Berlim, a burguesia alemã resignou-se, escolhendo a capitulação. Ainda em 1848/9, na chamada Revolta dos Poetas, tentaram inutilmente impor suas diretrizes, mas fracassaram. O medo de que o populacho pudesse avançar politicamente lhe refreou o desejo de emancipação. Desse modo, frustrada a solução liberal, só restou ao capitão da indústria da progressista região do Reno seguir o *junker,* o guerreiro feudal que comandava o exército prussiano.

O resultado disso foi a formação do II Reich, fundado pelo príncipe Otto von Bismarck, o estadista prussiano que consolidou o poder autoritário sobre o restante da Alemanha. O desprezo dele pelo recurso às práticas parlamentares e pelo liberalismo se afirmou no seu famoso dito de que não era com palavras que se conseguiam resultados, mas com "sangue e aço" (*Blut und Eisen*), em discurso pronunciado em 30 de setembro de 1862.

A burguesia alemã submete-se ao estado feudal

Bem antes, o filósofo Hegel havia traçado o perfil desse peculiar acordo entre a burguesia alemã com o aparelho feudal-prussiano.

"O Estado", disse ele, "é o espírito como vontade substancial revelada clara para si mesma, que se conhece e se pensa e realiza o que sabe e porque (...), enquanto o indivíduo obtém sua liberdade substancial da sua atividade".

Quer dizer, a liberdade não se dá como ocorreu entre a burguesia inglesa e francesa, isto é, contra o Estado, limitando-lhe o poder e a autoridade, mas sim por meio dele. Engels, furibundo, sintetizou tal situação de conformismo afirmando que os burgueses alemães, estreitos de pensamento, deixaram a aristocracia prussiana no leme do Estado conquanto pudessem ganhar dinheiro.

Portanto, todo o roteiro de transformações por que a Alemanha passou no século XIX (basicamente sua unificação nacional e acelerada industrialização) se processou dentro dos "quadros de ferro" do estado feudal-militar com seu culto à disciplina e à ordem e com escassa tolerância para com a dissidência política, consagrando o dito *Gegen demokraten helfen nur soldaten*, contra democratas só adianta soldados. Essa contradição histórica e social, onde encontramos os meios de produção nas mãos de burgueses e as instituições políticas ocupadas pela casta militar dos *junker*, terminou mais tarde por conduzir o país à camisa de força do nacional-socialismo. A dolorosa gravidez da burguesia alemã não produziu um nascituro estado democrático, e sim uma tirania expressionista.

O social-darwinismo

Hitler não se abeberou somente do passado nacional alemão com seu culto ao militarismo e ao estado todo-poderoso. O social-darwinismo*, extremamente difundido a partir da publicação da obra de Charles Darwin em 1859, teve um peso inequívoco em sua concepção ideológica.

A ideia básica dessa teoria era que, como na selva, os destinos dos povos e a evolução geral da sociedade eram regidos por fatores de ordem biológica. As mesmas leis que existiam na selva e nas savanas imperavam na sociedade humana.

No plano político, a ideologia social-darwinista conduzia a fazer uma apologia dos mais fortes, daqueles que con-

---

* A expressão *social-darwinismo* surgiu em 1879 por obra de um artigo publicado na revista popular *Science por* Oscar Schmidt. Seus antecedentes ideológicos prestam tributo ao demógrafo e economista inglês Thomas Malthus, ao sociólogo Herbert Spence, ao sobrinho de Darwin, Francis Galton, e ao biologista alemão Ernst Haeckel.

seguiam se impor perante o rebanho. Seriam eles, os ricos, os poderosos, os proprietários, os condutores naturais da sociedade humana, da mesma forma como os leões se impõem sobre os demais animais da floresta.

Segundo esse raciocínio, qualquer ideia que propusesse a igualdade entre os homens não estaria apenas propagando uma quimera, como igualmente cometendo um atentado contra a natureza.

Os social-darwinistas propunham um processo de seleção rigorosa por meio da eugenia, operação que exigia ao mesmo tempo a eliminação e a procriação de certos tipos humanos – quer dizer um controle biológico qualitativo, que permitiria a supremacia de alguns sobre os demais.

Radicalizando-se com o tempo, defenderam a eliminação dos desajustados, o apelo ao dirigismo técnico para a política de colonização, o internamento forçado em asilos e a esterilização dos elementos tidos como inferiores.

Essa doutrina trazia em bojo uma categórica rejeição tanto ao socialismo como à democracia, na medida em que tanto um como outro se opõem ao domínio do mais forte, ao sucesso do mais apto e capaz, como era o propósito dos social-darwinistas.

Não existe igualdade na selva nem se dá a partilha equitativa dos recursos materiais. Os leões não são iguais aos cordeiros nem eleitos por esses. Eles simplesmente se impõem aos demais. Como facilmente se observa, todo o programa nacional-socialista já se encontrava previamente esboçado nessas teorias, que tinham ampla difusão e aceitação por toda a Europa "respeitável" no período anterior à Primeira Guerra Mundial. Já Mussolini bradava a respeito do Movimento Fascista, *Noi il leone!* Nós os leões!

O racismo

Outra poderosa vertente que fluirá para o caudal da ideologia nacional-socialista estava armazenada no pensamento racista do século XIX. Deve-se observar que as teorias racistas apresentavam em comum um "lamento aristocrático", um fatalismo da nobreza europeia, que, apesar de ainda granjear respeito, sentia-se cada vez mais marginalizada pelo processo histórico.

Incapazes de poder explicar seu declínio social por meios racionais, diziam que a "decadência da raça aristocrática" resultara de uma irresponsável miscigenação com grupos inferiores.

Conde Gobineau (1816-1882).

Justificaram o declínio da nobreza pela degradação biológica da sua espécie. Seu principal representante foi o francês José Artur, Conde Gobineau, autor do *Essai sur l'Inégalle dès Races Humanes*, "Ensaio Sobre a Desigualdade das Raças Humanas", de 1853-5, que determinou não só a superioridade da raça branca sobre as demais como explicava as distinções sociais entre nobreza, burguesia e povo de acordo com sua maior ou menor participação no sangue ariano (raça superior mitológica, formadora da aristocracia europeia e dos brancos "puros" em geral).

Coube a outro francês, o antropólogo Vacher de Lapouge, autor do *L'Arien, son Role Social*, "O Ariano e seu Papel Social", levar o naturalismo às últimas consequências. Na medida em que o homem não é a imagem de Deus, só são válidas as leis do reino animal. O ariano – *rocher de bronze* – apresenta estabilidade do sangue e é o motor do progresso e da civilização humana, e se encontra socialmente representado na classe dominante.

H.S. Chamberlain (1855-1927).

Por último, lembramos aquele que interpretou toda a história da humanidade sob o prisma racista: o inglês filogermânico Houston S. Chamberlain, genro de Richard Wagner. Autor do famoso ensaio *Die Grundlagen des Neunzehnten Jahrhunderts*, "Os Fundamentos do Século XIX", aparecido em 1899, na qual acentua a luta entre as raças, interpretando a História como um conflito entre elas.

Ele considerava os alemães como os últimos portadores de elementos sanguíneos puros, na medida em que, graças à sua situação geográfica, não foram contaminados nem pelo decadentismo latino, nem pela barbárie asiática, como ocorrera com os eslavos. Essa crença na supremacia teutônica lhe foi inculcada pela convivência com o compositor Richard Wagner, de quem se tornou genro quando passou a ser um integrante do Círculo Bayreuth, composto por escritores e intelectuais ultranacionalistas.

Quando ele foi apresentado a Hitler, no início de sua carreira, afirmou: "O fato de que a Alemanha tivesse dado a luz a um Hitler, na hora de sua maior desgraça, demonstrava sua vitalidade como nação".

O antissemitismo

Se a difusão das ideias racistas poderia parecer uma novidade no contexto cultural europeu, o mesmo não se pode dizer em relação ao antissemitismo*, cujas origens datam no

---

* A palavra antissemita ou antissemitismo foi cunhada em 1873 por Wilhelm Marr, um escritor alemão, autor de *O Caminho da Vitória do Germanismo sobre o Judaísmo*, que teve larga difusão por todo o país. O livro mais famoso de Hans F.K. Gunther foi o ensaio intitulado *The Racial Elements of European History* (Londres, Metheun,

mínimo do tempo das Cruzadas. Deve-se observar, no entanto, uma radical modificação nos argumentos dos antissemitas. Até o século XVIII, o preconceito contra os judeus se fundamentava em razões de ordem religiosa ou teológica. No século XIX, com o enorme desenvolvimento das ciências naturais e positivas, os argumentos cristãos caíram em desuso. O moderno antissemitismo então vai se abeberar na corrente naturalista, dando o surgimento de um antissemitismo secular que retira seus argumentos da fisiologia, da biologia, da genética e da bactereologia.

A partir de então a literatura reacionária é pródiga na utilização de expressões como "vírus judaico", "bactérias nocivas", etc., às quais contrapõe a política da eugenia, da preservação da raça branca ariana. Mas o antissemitismo redobra suas forças não só pelos argumentos obtidos junto aos naturalistas.

O século XIX é o século do nacionalismo burguês, perante o qual o judeu foi visto como um elemento não assimilável, um cosmopolita incorrigível, um apátrida incapaz de aderir ou compreender o conceito de nação. Fato explicitado pelo famoso caso Dreyfuss, ocorrido na França no final daquele século.

O mesmo tema, da impossibilidade de adaptação do judeu a outra cultura, foi abordado pelo famoso historiador Heinrich Treitchke, símbolo maior da Alemanha "respeitável", num ensaio intitulado *Ein Wort Uber Unsere Juden* ("Uma Palavra Sobre os Nossos Judeus"), de grande repercussão, publicado em 1879, que concluiu dizendo: *Die Juden sind unser Unglück!* ("Os judeus são nossa desgraça!").

1927), que o consagrou entre as autoridades nazistas, particularmente a H. Himmler.

Um dos seus discípulos foi o professor Hans F.K. Günther, cognominado o "Papa do Racismo", autor do ensaio *Pequena Etnologia do Povo Alemão*, aparecido em 1929, no qual ele celebrou o ariano nórdico como a vanguarda da civilização e responsável por todo e qualquer avanço técnico e cultural que se conhecia, condenando com veemência a "introdução de sangue estrangeiro" na Europa.

Consta que o livro que mais influenciou Hitler nessa questão – "estudei-o intensamente" – foi o de Theodor Fritsch, intitulado *Manual da Questão Judaica* (*Handbuch der Judenfragen*), um tratado populista que era um catecismo antissemita e se tornou um sucesso de vendas desde sua aparição em 1887, atingindo mais de 20 edições.

Filme antissemita, O Eterno Judeu, *de 1940 (cartaz).*

Além disso, o antissemitismo tomou impulso, segundo o historiador Robert Seltzer, por ser uma reação ao sucesso dos judeus emancipados em meio à sociedade europeia do século XIX, situação que passou a causar mais temor ainda do que a imagem do antigo judeu de gueto, tipo empobrecido, que somente de vez em quando era assolado por violências e *pogroms*.

Por fim, sob o ponto de vista da direita feudal, a ascensão social dos judeus era a prova inconteste da decadência ocidental da sociedade capitalista, responsável pela extirpação dos valores aristocráticos.

A militarização da política

Como as demais lideranças autoritárias e fascistas que surgiram no período do Entreguerras (1918-1939), Hitler tinha um entendimento da política como resultante de um conflito bélico permanente. Invertendo a máxima de Von Clauzewitz, dizia: "Política é guerra".

Assim sendo, era natural que os ativistas do nacional-socialismo se apresentassem como soldados da causa, trajando permanentemente uniformes (negro para os fascistas italianos, azul para a falange espanhola e parda para os nazistas).

Os comícios invariavelmente terminavam em cantorias guerreiras e em desfile das tropas de assalto. Por conseguinte, o universo da política estava estritamente identificado com a hierarquia militar, sendo o líder do partido uma espécie de comandante supremo ou general. Evidentemente que tal concepção – similar à organização de um quartel – implicava a obediência total dos subordinados às ordens superiores.

No partido nazista não havia democracia interna, sendo que os seus quadros eram escolhidos pelo critério da disciplina e da fidelidade ao Führer.

Os campos das batalhas a serem travadas não eram mais as linhas de frente da Primeira Guerra Mundial, mas sim as ruas, praças e outros logradouros nos quais os militantes nazistas, sempre truculentos, não davam quartel a ninguém. Especialmente aos comunistas e ao comércio judeu.

Como veterano de guerra, Hitler transferiu o confronto das trincheiras para as áreas urbanas da Alemanha, entendendo assim que, ao dominar o espaço público, abria-se o caminho para a chancelaria. Era pela arruaça e pela intimidação que alcançaria o governo.

Os seus inimigos primordiais eram os marxistas, ou o judaico-bolchevismo, como ele preferia identificá-los. Os comunistas alemães não passavam de títeres manipulados à distância pelos judeus russos que estavam no controle do Kremlin.

Eles não tinham raízes no solo alemão, portanto eram inimigos a serem tratados como qualquer outro perigoso adversário da Alemanha, sendo os primeiros a serem enviados aos campos de concentração, logo a seguir ao incêndio do Reichtag (fevereiro de 1933), como foi o caso do líder do KDP Ernst Thälmann, posteriormente fuzilado, em agosto de 1944.

A consequência lógica da militarização da política era de que o país devia ser conduzido por um só partido submetido à autoridade absoluta do seu condutor máximo. O resultado final era a implantação do *Führerstaat*, o Estado do Führer, forma autocrática e totalitária de elevar a Alemanha ao patamar das potências mundiais, recorrendo a intensa mobilização das massas.

Facilmente se verifica que a formação do pensamento político de Hitler deitava raízes firmes no passado recente europeu, nas novas doutrinas antidemocráticas e antissocialistas, derivadas da visão biologicista da sociedade, que não paravam de emergir num cenário de rivalidade intensa entre as potências e de expansão da autoridade do homem branco sobre o restante do planeta e que eram aceitas e difundidas por intelectuais respeitáveis.

Natural que depois da Segunda Guerra Mundial desejassem apresentá-lo como uma aberração, uma exceção, como se não houvesse racismo nos Estados Unidos e na Grã-Bretanha, ou que a política de eugenia (a seleção dos racialmente melhores) fosse praticada somente na Alemanha nazista, quando ela era praxe em muitos países europeus (na Suíça e na Escandinávia) e mesmo em 25 Estados da América do Norte.

O que não o exime em nenhum momento da responsabilidade de tê-las adotado como política do Estado alemão, com terríveis consequências para a humanidade.

A propaganda nazista: o triunfo da vontade

A reunião anual do NSDAP (Partido Nacional-Socialista dos Trabalhadores Alemães) realizada em 1934 revelou-se extraordinária, não pelo acontecimento em si, porque os nazistas já haviam feito outros gigantescos comícios de massas, mas pela excelência do documentário que a registrou. Pode-se dizer que *Der Triumph des Willens* ("O triunfo da vontade", seu título), dirigido e montado por Leni Riefenstahl, ficou sendo uma das poucas coisas que, no que se refere à estética moderna, perdurou daquele infeliz regime.

O nazismo e a propaganda

Desde que quando era bem jovem, tentando inutilmente afirmar-se como um artista e como pintor em Viena, Hitler assistira várias vezes à *Rienzi*, ópera de Richard Wagner, de quem se dizia admirador e fiel discípulo, deixando-se tocar para sempre pela grandiosidade da cenografia do mestre da música alemã.

Justamente por esse seu passado vinculado às belas tintas e ao gosto pela música grandiloquente é que a Reichswehr, o exército alemão, o incumbiu de tarefas propagandísticas no conturbado período do pós-I Guerra na Alemanha, contratando-o para neutralizar a ascendência comunista e pró-bolchevique das tropas. Mal ingressando no NSDAP (*National-*

-*Sozialistische Arbeiten Partei*), em 1919, o caudilho nazista procurou inspirar-se no princípio da arte total wagneriana, aplicando-a no terreno da política de massas, encenando todas as suas aparições públicas de orador do partido como se fosse a entrada de um célebre tenor nos palcos de um teatro.

O Ministério da Propaganda

Hitler preocupava-se com os mínimos detalhes para dar às circunstâncias que o envolviam um ar de tragédia heroica e romântica, inspirada geralmente na mitologia guerreira nórdica, em que todas as atenções se encontram na figura mítica que se apresenta frente ao seu povo. Não havia nisso nenhuma sutileza. Chamou isso de propaganda mesmo, e nunca tentou esconder esse procedimento de ninguém. Tão importante ela se fez para o novo regime que ascendera ao poder na Alemanha de Weimar, em janeiro de 1933, que uma das medidas mais imediatas foi a criação de um Ministério da Propaganda, entregando sua direção ao doutor Joseph Goebbels.

Num regime que se assumia como absoluto, totalitário, os espaços que dali por diante circundavam o cidadão, nas ruas, nos edifícios, nos estádios, nos prédios públicos e privados, nas fábricas e nas escolas, tudo o que fosse impresso ou que circulava no ar deveria ser preenchido pelas mensagens, *slogans* e símbolos do partido nazista e do seu guia, Adolf Hitler.

Na estrada do triunfo

O Führer, que tudo supervisionava, não gostara dos documentários feitos pela gente do partido. Pareceram-lhe improvisados, toscos, coisa de amadores. No governo, a situação era outra. Poderia contar com os enormes recursos do Estado alemão, agora dominado por ele e por seus seguidores. Foi assim que, ao encontrar-se com Leni Riefenstahl, atriz famosa nos anos vinte, indicou-a como a sua cineasta de confiança. Conhecida por atuar em "filmes de montanha", o primeiro deles dirigido por ela em 1932, Leni daria um toque de profissionalismo e talento ao filme documentário político alemão.

Para ela foi uma questão de transferir a imensidão silenciosa dos Alpes, onde gostava de filmar, e aparecer em todo o tipo de situação, para as colossais e barulhentas concentrações de massa organizadas pelo partido nazista. Deslocar o alvo da câmera dos cimos elevados e baixá-la para a planície onde se reuniam as multidões de milicianos e seguidores comuns que se apresentavam no comícios do partido, mantendo sempre o seu aspecto espetacular, magnificente.

Esmagando a esquerda e a direita

A ocasião propícia para Hitler e Leni deu-se com a anunciada reunião do partido nazista na cidade de Nuremberg, acertada para setembro de 1934. Um pouco antes, naquele verão, o Führer vira-se desafiado por sua própria gente. O capitão Ernst Röhm, o comandante das milícias do partido, os camisas pardas da SA, ousara desafiar a autoridade do líder, querendo impor-lhe diretrizes que Hitler considerou inaceitáveis. Com o apoio de Heinrich Himmler, chefe da sua guarda pessoal, os homens de preto da SS, o chefe nazista agiu rápido e de modo implacável.

Em 30 de junho de 1934, deu-se a Noite das Facas Longas, como o episódio ficou conhecido, momento em que o líder nacional-socialista livrou-se de maneira brutal de "Röhm e seus rebeldes", detidos de surpresa no Hotel Hanselbauer, em Bad Wiessee e, depois, sumariamente fuzilados.

Como um ano antes ele liquidara com a esquerda alemã (social-democratas e comunistas), o encontro em Nuremberg pareceu-lhe o momento da celebração do seu domínio absoluto sobre o partido nazista e sobre a nação como um todo. Hitler não tinha mais rivais nem inimigos dentro da Alemanha. Era esse o espírito que Leni Riefenstahl, como artista e como esteta da Nova Ordem, deveria captar no celuloide. Apresentar o vencedor.

De Potsdam a Nuremberg

Nenhuma ação do regime nazista se fazia sem o proveito da sua carga simbólica. Logo que ascendera ao poder, Hitler, o revolucionário, acompanhou o presidente Hindemburg, uma relíquia fardada que sobrevivera à queda do II Reich em 1918, reeleito para o executivo em 1932, numa celebração em Potsdam, antigo e venerável centro da monarquia Hohenzollers, que por séculos reinara na Prússia.

Encasacado e de cartola, fazendo mesuras ao velho marechal-presidente, ao som de antigos hinos do Reich, Hitler quis passar ao povo a ideia da conciliação da Nova Alemanha, que ele representava, com a Velha Alemanha, que ali se fazia presente com os familiares do antigo imperador. Mas que não se enganassem com ele. Hitler não seria um general Monck, disposto a restaurar a antiga coroa como o inglês fizera na Inglaterra em 1660, depois da morte de Cromwell. Embaixo da lã fina que trajava e da impecável gravata negra que usava, batia o coroação do plebeu ressentido, do tirano republicano.

O porquê de Nuremberg

Nuremberg, no imaginário alemão, que Hitler dominava e entendia tão bem, era um complemento da sua ida a Potsdam e, ao mesmo tempo, aparecia como cenário antagônico. A velha cidade imperial (assim determinada a ser pelo imperador medieval Frederico II, em 1219) era um dos mais expressivos centros da cultura alemã. Nela Hartmann Schedel editara a *Crônica do Mundo*, em 1493, uma notável obra impressa em papel lá mesmo fabricado com cuidados excelsos, que contara com a colaboração de Albert Dührer, o mestre da gravura, o mais famoso artista da Alemanha medieval e um bem-sucedido industrial da imprensa (aliás, foi a ilustração dele "O cavaleiro solitário" que se tornou ícone dos integrantes da SS).

Foi no castelo imperial que assinaram os tratados complementares à Paz de Westfália, entre 1649-50, que pôs fim à Guerra dos Trinta Anos. Dos seus arredores, rumo à Furth, é que partiram os trilhos da primeira estrada de ferro da Alemanha, em 1835. E, por último, foi Nuremberg quem Wagner homenageou com a sua ópera *Die Meistersinger von Nurnberg* ("Os Mestres Cantores de Nuremberg", 1867), o que para Hitler era o argumento final.

A sede simbólica do III Reich

Se Berlim fora a capital do II Reich (1871-1918), Nuremberg, a antiga capital imperial medieval, serviria de cenário para a ocupação pacífica das SAs e das SS, que Hitler estava programando. Promoveu-a como a sede simbólica do III

Reich*. Que a velha nobreza ficasse com Potsdam, cenáculo do militarismo prussiano, pois a insurreição parda que ele liderava se apropriaria de Nuremberg. Assim caminhava a sua revolução conservadora, mirando-se nos espelhos do passado para dar um passo adiante, restaurando as ameaçadoras águias imperiais germânicas para recuperar os territórios perdidos pela Alemanha em 1918. Como o pássaro profético de Nietzsche, "dirige seus olhos para trás quando descreve o que pertence ao futuro."

A escolha do título do documentário

"O futuro fala desde já pela voz de cem signos; a fatalidade anuncia-se em toda a parte; para entender esta música do futuro, todos os ouvidos já estão atentos."
F. Nietzsche – *Vontade de Potência*, prólogo, § 2.º

O titulo do documentário, *O Triunfo da Vontade*, sugerido por Hitler, parecia-lhe a realização mais autêntica, na perspectiva da filosofia de Nietzsche, do que ocorrera com ele. Exaltado apologista da Vontade, Nietzsche a entendia como uma força energética irracional e invencível. Quem de algum modo fosse dotado ou possuído pela Vontade atingia alturas aparentemente inalcançáveis. Era capaz de tudo. Assim Hitler se sentia naquele verão de 1934. O até então fracassado pintor, um ex-combatente da I Guerra Mundial, um *frontman* que nunca se destacara na vida, graças à sua Vontade inquebran-

---

* Os nazistas construíram lá uma série de obras gigantes para abrigar suas concentrações. Nuremberg pagou um preço elevado por isso. Em janeiro de 1945, no final da guerra, 600 aviões aliados a destruíram totalmente (só restaram 9% das casas).

tável e à sua determinação fanática, mesmo convivendo por anos num partido de refugados e de marginais da sociedade alemã, ridicularizado por seu trejeitos de boneco de ventríloquo, chegara ao mais alto posto do Reich.

Naquele momento ele sentava-se ao lado do trono que fora dos káiseres, no posto de Bismarck, o chanceler de ferro, que quase sozinho construíra o Segundo Império em 1871. Ninguém, pois, melhor que Hitler para encarnar o impossível, a mais impressionante prova da essência do *Der Wille zur Macht* do profeta do niilismo moderno. Hitler em pessoa era a prova viva da transmutação dos valores apregoada por Nietzsche, o anônimo pobretão que atingira a glória, o nada que imprimia para sempre o seu nome na história.

O messias

Leni Riefenstahl empreendeu o feito de traduzir em linguagem cinematográfica duas vertentes poderosas que se ocultavam por detrás da imagem do Führer e que eram muito eficazes junto ao público alemão. A primeira delas vinha da tradição cristã, que tanto nos Evangelhos como no Livro do Apocalipse deposita enormes esperanças na chegada de um salvador, de um messias. Hitler definitivamente tinha que ser apresentado assim. Portanto, logo que o filme de Leni começa, vê-se no céu o aeroplano dele aproximando-se como se viesse de algum lugar celestial. O avião logo circunvoa o estádio repleto para dar sinal de que a parúsia em breve estava para se consumar; o encontro do enviado de Deus com os seus logo se daria.

Em seguida, quando Hitler adentra no estádio em meio a uma multidão tremenda, estimada em 200 mil milicianos de todos os cantos da Alemanha, arregimentados em duas grandes alas, assemelha-se a um Moisés cortando a passo as águas do Mar Vermelho para ir conduzir o seu povo, liberto do algoz estrangeiro, à Terra Prometida, ao império da Nova Ordem nacional-socialista.

O mito do herói

A outra vertente advinha do herói da mitologia teutônica, Siegfried, o lendário guerreiro que, acompanhado dos mil Nibelungos, depois de incríveis aventuras e feitos extraordinários, mata o dragão na beirada do rio Reno, livrando os seus da desgraça. Nada mais adequado do que encaixar o Führer como a ressurreição do cavaleiro audaz que abate as forças do mal (o comunismo, o liberalismo, o expressionismo, o judaísmo, expressões diversas de um nocivo antigermanismo), preservando para o futuro a integridade moral, ideológica e racial dos arianos.

Hitler aparece então como a simbiose perfeita dessas duas legendas, a do messias e a do herói germânico. Ao deificá-lo, ele surgia nas telas do documentário como um divisor de águas da Alemanha moderna. Aquele que com sua determinação inquebrantável afastara as sombras das humilhações passadas (as punições do Tratado de Versalhes) para apresentar ao seu povo um futuro luminoso, radiante, pleno de realizações e imortais façanhas (a aventura do Estado nacional-socialista).

Hitler era o Partido Nazista. Ele era a Alemanha. Sua tarefa era conduzi-la para dirigir o mundo de maneira invencível. Somente ele era um indivíduo, sendo que os demais alemães se dissolviam num imenso mecanismo unido para servir ao seu Führer.

Questões técnicas

O filme divide-se em 12 cenas, no estilo cinema verdade, alternando imagens que celebravam a raça, a unidade, a ordem e a disciplina, com *closes* sobre Hitler, o personagem que de fato domina inteiramente as quase duas horas de projeção (1h49min). Ao fundo, temas wagnerianos misturam-se com canções folclóricas, hinos tradicionais e marchas nazistas, formando uma trilha sonora única que liga vários episódios da Alemanha numa coisa só, mostrando como o movimento nacional-socialista é tributário do passado e ao mesmo tempo seu continuador.

Independente da sua identificação com o regime, os cinéfilos consideram até os dias de hoje o filme de Leni Riefenstahl como uma obra-prima da propaganda política e exemplo de como um grande talento pode colocar-se inteiramente ao serviço do mal.

Hitler nas Olimpíadas

De quatro em quatro anos, sempre que se aproximam os jogos olímpicos, invariavelmente a imprensa publica a história de Jesse Owens e de Hitler. Repetem sempre a mesma e inverídica história: Hitler, o arauto da superioridade racial ariana, teria se negado a cumprimentar o vitorioso velocista norte-americano, por esse ser negro. As quatro medalhas de ouro obtidas por Owens eram uma bofetada no mito de superioridade alemã, coisa que o Führer não poderia aceitar. Essa lenda, que perdura já há 60 anos, foi criada por jornalistas esportivos norte-americanos durante os próprios Jogos Olímpicos de 1936, que estavam sendo realizados em Berlim.

Vamos então aos fatos. Devido à infame campanha antissemita dos nazistas, várias comissões esportivas, especialmente a norte-americana, a inglesa e a francesa, ameaçaram boicotar os jogos. Hitler então, para não empanar o espetáculo, resolveu dar uma trégua aos judeus. Proibiu a circulação do jornal antissemita *Der Sturmer*, do hidrófobo Julius Streicher, e permitiu que alguns judeus participassem na delegação alemã (como a esgrimista Helena Mayer e o jogador de hóquei Rudi Ball).

Não só isso. Encarregou outro judeu, o capitão Wolfgang Furstner, de organizar a Vila Olímpica. O mundo liberal respirou aliviado, autocongratulando-se por sua pressão ter resultado em algum efeito.

Iniciados os jogos, com a entrada triunfal do Führer no estádio de 110 mil pessoas, ele, entusiasmado, tratou de não perder nenhuma competição importante. Quando a primeira medalha de ouro foi conquistada por um atleta alemão, o arremessador Hans Wölke, Hitler foi pessoalmente cumprimentá-lo. Na mesma ocasião congratulou-se com mais três fundistas finlandeses e duas atletas alemãs.

Foi então que o presidente do Comitê Olímpico resolveu intervir. Disse a Hitler que ele, na qualidade de convidado de honra, deveria doravante ou cumprimentar todos os atletas vencedores ou não felicitar mais nenhum. Como não podia estar presente a todos os momentos em que os campeões eram agraciados, Hitler optou então por não descer mais da tribuna de honra.

Quando Jesse Owens ganhou as medalhas, Hitler já tinha tomado a sua decisão. E, ao contrário de ter-se mostrado indignado, abanou efusivamente para o grande atleta. Nas palavras do próprio Jesse: "Quando eu passei, o Chanceler se ergueu, e acenou com a mão para mim: eu respondi ao aceno..."

A razão do gesto é muito simples. O nazismo exaltava acima de tudo, em seu profundo anti-intelectualismo, o vigor físico e a estampa, não importando qual fosse a raça. Aquele que revelasse alguma musculatura e virilidade, harmonizada num belo corpo, tinha sua imediata aprovação. Tanto isso é fato que Leni Rienfenstahl, a cineasta do regime, quando depois da guerra resolveu autoexilar-se na África, fez uma notável bateria de fotos celebrando a plástica dos retintos núbios.*

---

* A ironia dessa história é de quem de fato discriminava os negros (que na Alemanha nazista eram olhados como atraentes excentricidades) era a delegação norte-americana, que os segregava durante os próprios Jogos Olímpicos. E mesmo quando a guerra eclodiu um tempo depois, eram os norte-americanos quem não permitia que os batalhões negros acampassem misturados aos brancos. Joe Louis, o campeão mundial de boxe, convocado para a luta, era obrigado a andar na parte traseira dos ônibus militares.

O nazismo e a técnica

Como se explica que a fobia à técnica e à mecanização, professada pela maioria da intelectualidade direitista alemã*, tenha se transformado depois em apoio irrestrito ao Estado nazista, que, como se sabe, fez largo uso dos recursos tecnológicos? Entender tal paradoxo não é fácil. Resulta num complicado exercício de curiosa dialética. Num primeiro momento, os direitistas, como Heidegger, sentiram-se fortemente atraídos pelo discurso do *Blut und Boden*, o sangue e solo, difundido pela facção agrarista dos nazistas, liderada por Walter Darré. Era um apelo ao completo repúdio ao espaço urbano-fabril moderno e uma elegia ao universo rural-camponês alemão, movimento que vai encontrar sua expressão estética na arte pictórica nacional-socialista, onde as telas mostravam o camponês, só ou com a sua família, num cenário sem máquinas ou quaisquer outros vestígios de modernidade. Nas palavras de Heidegger, essa celebração da vida camponesa permitia "abrir-se para a amplidão do céu e ao

---

* A palavra *intelectual*, aplicada aos escritores e teóricos da direita, por vezes parece inadequada, visto que no linguajar nazista essa palavra – vista sua associação com a aridez, a negatividade e o racionalismo – tinha uma conotação invariavelmente ridícula.

mesmo tempo enraizar-se na escuridão da terra", e de certo modo explica a recorrência dele a imagens envolvendo o pastor, os deuses gregos, ou o bucólico.

A capitulação frente à tecnologia

Num segundo momento, porém, as coisas se alteraram. Ao chegarem ao poder, os nazistas mudam o discurso. As necessidades estratégicas do III Reich foram sobrepostas ao romantismo nostálgico e reacionário do *Blut und Boden*. Como poderia a Nova Ordem reerguer a Alemanha como potência europeia sem lançar mão da tecnologia? A reativação acelerada dos complexos siderúrgicos e dos armamentos, determinada em seguida ao rompimento com as restrições impostas pelo Tratado de Versalhes em 1935, provocou, por si só, um incrível redespertar da técnica alemã. O regime mostrou-se aberto às invenções e às inovações e as celebrou ruidosamente. A maioria dos intelectuais direitistas acomodou-se à situação com pretextos conciliadores.

A técnica captura a Nova Ordem

A Alemanha nacional-socialista precisava da tecnologia para defender-se e também para, afastados ou destruídos os seus inimigos (a especialização americana e o planejamento soviético), desmontar num momento seguinte a sua própria tecnologia. Os intelectuais de direita, portanto, aceitaram a técnica no condicional. Hitler, aliás, não fazia segredo do seu desejo de, no pós-guerra, restaurar a vida rural na Alemanha, mandando o povo todo de volta, convertido ao vegetarianismo e ao antitabagismo, para o cultivo da terra. Essa reviravolta na questão da técnica causou profunda decepção em Heidegger, que defendia o "caminho do campo", fazendo com que ele lamentasse o fato de que também o nacional-socialismo capitulara frente ao demônio moderno. A técnica, constatou ele, não só não desaparecera na Nova Ordem como fizera do nazismo o seu instrumento, e Hitler, a que Hubert Lanzinger havia pintado como um cavaleiro andante vindo dos tempos heroicos para decretar o fim da idade mecanicista, tornou-se mais uma das suas ferramentas operatrizes. O aríete dela!

A política da morte do nazismo

A política da eliminação em massa de seres humanos adotada pelos nazistas durante a Segunda Guerra Mundial foi um fenômeno até então único na história da humanidade. Esse crime, porém, foi inspirado em várias doutrinas que passavam então por ciência, como o racismo e a eugenia, que tiveram larga difusão e apoio nos países mais adiantados dos anos vinte e trinta.

... SO IM DRITTEN REICH

As duas faces da eugenia

"Seu negrume não surgiu no deserto de Gobi ou na floresta tropical da Amazônia. Originou-se no interior e no cerne da civilização europeia. Os gritos dos assassinados

ecoaram a pouca distância das universidades; o sadismo aconteceu a uma quadra dos teatros e dos museus (...). Em nossa época, as altas esferas da instrução, da filosofia e da expressão artística converteram-se no cenário para Belsen."
George Steiner – *Linguagem e Silêncio*, 1958.

O massacre de grande parte da população judaica da Europa perpetrado pelos nazistas entre 1941-45 ocultou o fato de que a política de extermínio adotada por aquele regime não se circunscreveu à perseguição antissemita. Foi muito mais ampla de que se supõe. Tratava-se de um vastíssimo plano de eugenia que englobava outros setores sociais, cujas vidas os nazistas consideravam "indignas de serem vividas" (*Lebensuntwertes Leben*).

A política nazista da eugenia, todavia, tinha as suas ambiguidades. Ao mesmo tempo em que se praticava a esterilização, a eutanásia e o genocídio, por outro estimulava-se a proliferação da "raça superior", animando os casais "arianos" a terem muitos filhos, como também concedendo aos homens selecionados o direito de acasalar-se com várias mulheres, desde que elas fossem de origem ariana.

Quando os soldados alemães ocuparam os países vizinhos, essa prática foi apoiada para que novos seres arianos viessem ao mundo para poderem substituir as baixas de guerra que a Alemanha estava sofrendo. As crianças nascidas nessas circunstâncias seriam criadas em orfanatórios especiais (*Lebensborn*), sob orientação e supervisão do estado nazista. Nenhum regime político até então havia se inspirado tão fortemente no darwinismo social e numa concepção tão radicalmente biologicista – quase zoológica – como os nazistas o fizeram entre 1933-1945. Assim, a eugenia serviu tanto para o pretexto da eliminação dos indesejados e fracos como para a seleção dos escolhidos.

A certeza científica da eugenia

A política de extermínio não foi um gesto tresloucado e impensado de um bando de fanáticos que ascendera ao poder na Alemanha em 1933.

A maioria dos seus agentes (médicos, cientistas, laboratoristas, pesquisadores, antropólogos, legisladores e militantes políticos) estava convicta do rigor científico das suas ações e dos benefícios que sua adoção traria para a humanidade, ainda que no momento não fossem entendidas por todos.

Levaram à prática o que há anos era defendido por pensadores de renome, por revistas científicas, e por doutores ilustres de ambos os lados do Atlântico. Todas as teorias de superioridade racial, de antissemitismo, de seleção da espécie, já se encontravam largamente difundidas, especialmente entre as elites científicas e acadêmicas, bem antes de Adolf Hitler assumir o poder. A começar pelo famoso evolucionista Ernst Haeckel.

O Führer do movimento nacional-socialista implementou o que amplos setores científicos daquela época acreditavam ser verdadeiro, firmando assim o primeiro pacto moderno entre a ciência e o crime em massa, entre a pesquisa genética e a tecnologia aplicada à morte coletiva.

O que é a eugenia

É a ciência que estuda a possibilidade de apurar a espécie humana sob o ângulo genético. Decorreu ela quase que inevitavelmente das ideias de Charles Darwin, expostas no seu consagrado livro *A Origem das Espécies* (*On de Origin of the Species*, de 1859, a mais popular exposição da teoria da evolução natural. Coube ao seu parente Francis Galton a invenção dessa expressão em 1883. O cientista britânico defendia a tese de que a cultura e mesmo o conhecimento eram resultados da transmissão genética e não dos fatores ambientais (ou pelo menos estes tinham bem menos peso). No seu livro a *A Hereditariedade do Gênio* (*Hereditary Genius*), de 1869, ele arrolou o histórico familiar de uma série de homens de gênio e outros afamados cientistas para demonstrar que todos descendiam de uma feliz hereditariedade.

Galton e a sociedade da eugenia

Em 1907, após ter introduzido a cadeira de eugenia na Universidade de Londres, fundou a The English Eugenics Society, inspiradora da American Eugenics Society, surgida em 1926, que pregava a superioridade dos germânicos sobre os demais integrantes da raça branca.

A conclusão lógica extraída da tese de Galton é de que a classe dominante concentrava melhores qualidades genéticas do que as classes trabalhadoras, fossem elas urbanas ou rurais. Os socialmente superiores eram os depositários do "tesouro genético" amealhado pela natureza através de séculos de aperfeiçoamento, aprimorado pela seleção natural dos mais aptos.

Portanto, a natureza era sábia ao permitir que a regência da sociedade e dos governos fosse feita pelos biologicamente mais dotados.

O social-darwinismo

O sucesso das teses de Charles Darwin não se limitou às ciências naturais. A teoria da evolução e da seleção natural dos mais aptos incendiou também a imaginação das ciências sociais e das concepções políticas e ideológicas do seu tempo. Ideólogos de um lado como do outro, nos finais do século 19 e princípios do 20, diziam-se inspirados no autor da seleção das espécies.

Enquanto que para os esquerdistas elas, as teses de Darwin, serviam para desmistificar a religião e a existência de uma ordem hierárquica preestabelecida pelo poder divino, para os direitistas elas tiveram outra aplicação e entendimento. O chamado social-darwinismo tornou-se para eles um instrumento na luta contra a democracia liberal, que, ao pregar o voto universal, igualizava o lobo e o cordeiro.

Isso, segundo eles, não passava de um contrassenso e um atentado à natureza das coisas. E mais, como reclamou o filósofo Nietzsche, a democracia praticava uma injustiça ao prejudicar os que naturalmente eram superiores, os mais fortes e mais aptos, pois estes eram constrangidos e manietados pelos direitos da maioria medíocre.

Além disso, recomendavam eles um processo de seleção rigoroso, para impedir a procriação de certos elementos nocivos, bem como estimular a multiplicação de outros, aqueles vistos como biologicamente superiores. Para tanto, visando a atingir tal fim, era preciso adotar-se uma política centralizada, um dirigismo técnico, que gradativamente conseguiria a purificação da raça, melhorando o bem-estar geral da humanidade.

Na difusão de tais doutrinas, dedicaram-se Georges Vacher de Laponge, Madison Grant, Ludwig Gumplowitcz, Otto Ammon e tantos outros mais.

A eliminação dos desajustados

O programa social-darwinista era amplo. Pregava a eliminação dos desajustados, o internamento forçado e a esterilização dos elementos considerados inferiores. A antropometria e a frenologia seriam as ciências auxiliares para ajudar a estudar as dimensões do crânio, do lóbulo das orelhas ou da forma do nariz, permitindo uma verificação científica daqueles traços considerados por eles como indicadores da inferioridade ou da degenerescência biológica.

A moral cristã da tolerância e da caridade para com os fracos era rejeitada. A ética cristã impedia a imposição da política de seleção natural e terminava por prolongar o sofrimento geral da humanidade ao não aceitar a extirpação dos seus galhos estragados ou das suas raízes deformadas. O liberalismo, a democracia e o socialismo – com seu discurso a favor da igualdade, fosse econômica, fosse político-social – eram formas diversas de atentar contra a lei natural, que sempre atuava, queiramos ou não, pró os mais aptos e mais fortes.

Injustiça social para os social-darwinistas era tentar equiparar o forte ao fraco, ou, como disse, em outras circunstâncias, o poeta William Blacke "a mesma lei para o leão e o boi é opressão".

O super-homem de Nietzsche

A filosofia de Friedrich Nietzsche (1844-1900), desde que ele se entusiasmara com a obra de Francis Galton, tornou-se a espiritualização do social-darwinismo e a principal mentora nos meios mais sofisticados da adoção da eugenia.

Nietzsche, poeta e pensador alemão, acreditava que no futuro – como expôs no seu poema-manifesto *Assim Falou Zaratustra* (*Also Spracht Zarathustra*) de 1883-92 – o homem (que na sua época era ainda crente, submisso, preso aos valores e às hierarquias tradicionais) deveria necessariamente dar lugar ao super-homem (*Übermench*). Este seria um novo "animal político", destituído da moral comum (produto de séculos da ética cristã derivada da ideia do bem e do mal).

Implacável em seus objetivos, distante e altaneiro em relação aos que considerava inferiores, o *Übermensch* era o novo legislador da sociedade futura. Totalmente hostil à democracia, cujas leis, ele, em sua arrogância de ser excepcional, rejeitava, aceitando somente as regras feitas por ele mesmo, pois se achava muito acima da moral vulgar das multidões que o cercavam.

A morada dele, desse moderno titã, é o cume elevado das montanhas, onde o ar é rarefeito, reservado a poucos. As demais pessoas, a gente comum, servem-lhe apenas como degraus para sua ascensão a patamares cada vez mais elevados de aperfeiçoamento e gozo estético. Nietzsche, além de desprezar a democracia, abominava o liberalismo, o socialismo, o feminismo e o cristianismo, vistos como manifestações de debilidade, como expressão de uma vontade majoritária de carneiros, de fracos e de covardes. Dos inferiores (*Untermench*), enfim.

A nova raça de senhores

O mundo do futuro seria controlado pela nova raça de senhores (*Herrenvolk*), que imporia sua vontade de poder

(*Wille zur Macht*) sobre uma massa submissa, tornada um rebanho (*Herde*). Dela exigiriam obediência de morte. Somente os fortes teriam "direito à vida", cujos critérios seriam estabelecidos, evidentemente, pelo super-homem. Os demais deveriam ser eliminados. Não eram dignos a ter "direito à existência". O super-homem não teria nenhuma qualidade herdada (sangue nobre, por exemplo), sendo reconhecido apenas por sua personalidade de aço, por sua irrevogável determinação e pela entrega total a sua causa, fosse qual fosse a sua linhagem. A sua aristocracia era o caráter – duro, inquebrantável, insensível.

"Algum nunca chega a ficar doce, apodrece já no verão.
É a covardia que o mantém dependurado no seu galho.
Vive gente em demasia e por tempo demais
fica pendurada no seu galho.
Possa vir a trovoada que sacuda da árvore todos esses frutos podres e bichados!
Possam vir os pregadores da morte rápida.
Seriam para mim as verdadeiras trovoadas
e os sacudidores da árvore da vida."
F. Nietzsche – *Assim falou Zaratustra*, 1885

Nietzsche e o nazismo

A enorme polêmica que envolve até hoje a real importância do pensamento de Nietzsche para o surgimento do nazismo, ou pelo menos fornecendo o vocabulário estridente e várias expressões ideológicas, nos obriga a arrolar a evidente similitude do pensamento nietzscheano com o que veio a acontecer depois, na Alemanha de 1933. Afinal, a irmã dele, Elizabeth Vöster-Nietzsche deu a bengala do filósofo para Hitler, quando ele a visitou em Weimar em 1932. Para ela aquele presente foi um símbolo que representou a transmissão de uma missão. Do teórico ao prático. Do filósofo que passara os seus últimos anos de vida alienado e entrevado ao homem de ação.

Hitler, em Weimar, recebe a bengala de Nietzsche (1932).

As teorias racistas: Gobineau e Chamberlain

A origem dos preconceitos raciais se perdeu nos tempos. Modernamente, porém, o racismo adquiriu relevância teórica com a obra de José Arthur, o Conde Gobineau – *Ensaio Sobre a Desigualdade da Raça Humana* (*Essai sur l'Inégalité des Races Humaines*), de 1853-5, considerada a bíblia do racismo moderno.

Afirmava ele a superioridade geral da raça branca sobre as outras, e a dos arianos, identificados como os louros de descendência germânica, sobre os demais brancos. Gobineau interpretou a história pelo prisma do conflito de raças e acreditava, por exemplo, que a Revolução Francesa de 1789 foi uma vitória da raça inferior, a de origem celta-romana que ainda sobrevivia na França e que aproveitou a ocasião do assalto à Bastilha para vingar-se dos franco-germanos que, desde o século 5, eram a raça dominante no país. Desde então, para Gobineau a França decaíra. O ensaio *O Conde* caiu no inteiro agrado do círculo de Wagner, que o jovem professor Nietzsche então frequentava.

O mais conhecido seguidor e divulgador do ideário racista na Alemanha foi o inglês Houston S. Chamberlain, membro da Sociedade Gobineau e genro de Richard Wagner, que, apesar de ser um gênio musical, tornara-se um antissemita fóbico. Chamberlain, que viveu a maior parte do tempo na Alemanha, onde publicou *Os fundamentos do Século XIX* (*Die Grundlagen des Neunzehnten Jahrhunderts*) em 1899 – consagrando-se como o verdadeiro "imperador da antropologia alemã" –, defendia a tese de que era inquestionável a superioridade do ser teutônico, louro, alto e dolicocéfalo, sobre todos os demais. Para ele o homem perfeito, superior, correspondia em geral ao tipo nórdico.

H.S. Chamberlain, ideólogo do racismo.

Os alemães, para ele, eram o povo mais bem dotado entre todos os europeus, estando bem acima do restante da raça branca. A enorme acolhida que sua obra teve naquela época na Alemanha explica-se por ela ter sido contemporânea ao Império Guilhermino, então no seu apogeu. O II Reich alemão, formado em torno da Prússia depois que ela alcançou a vitória na guerra de 1870 contra a França, projetou a antiga Germânia como a maior potência industrial e militar do mundo de antes da Primeira Guerra Mundial. O livro de Chamberlain, como não poderia deixar de ser, inflava de orgulho os alemães ao associar a excepcionalidade do momento em que viviam como resultante de um feliz destino racial, determinado pela própria natureza.

Para ele e para os historiadores racistas que o seguiam, a queda do Império de Roma deveu-se ao fato de as elites romanas terem-se descuidado da manutenção e preservação da sua superioridade racial.

Ao se miscigenarem (*mistische*) com os povos vencidos, inocularam-se com sangue das raças derrotadas, o que os levou a um enfraquecimento genético e a inevitável decadência. Uma política que almejasse o apuro racial era a consequência lógica a ser rigorosamente adotada por qualquer povo consciente da sua superioridade étnica que desejasse manter elevada a sua cultura e o seu domínio.

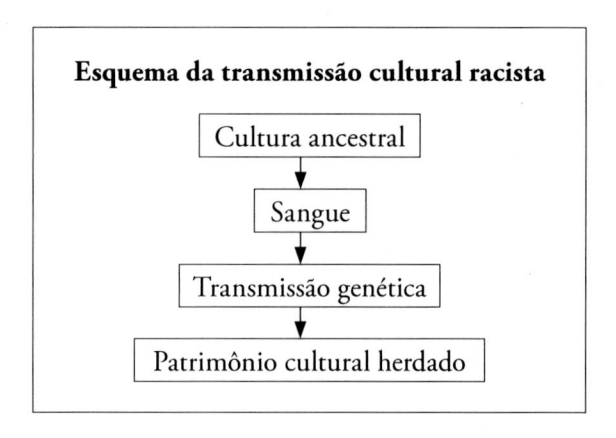

Esquema da transmissão cultural racista

Cultura ancestral
↓
Sangue
↓
Transmissão genética
↓
Patrimônio cultural herdado

A legislação da eugenia

A legislação de eugenia adotada pelos nazistas foi decorrência direta dos estudos feitos pelo Instituto Imperador Guilherme de Antropologia, Genética Humana e Eugenia (Forchunginstitut Kaiser Wilhelm) e pela Sociedade Alemã de Pesquisa (Deustche Forschungsgemeinschaft, DFG). Os principais responsáveis que forneceram os argumentos médicos e genéticos para a aplicação da eugenia foram o prof. Eugen Fischer, o chefe do Departamento de Psiquiatria, prof. Ernst Rudin, e o chefe do Departamento de Antropologia, prof. von Verschuer. Tanto o instituto como a sociedade de pesquisa eram respeitáveis instituições científicas – internacionalmente consagradas –, que orientaram com seu pessoal a política de esterilização, eutanásia e extermínio praticada pelo regime nazista de 1933 a 1945.

A comunidade racialmente pura

Tratava-se, segundo os cientistas, de fixar-se quem deveria pertencer à Comunidade Popular ou Racial (*Volksgemeinschaft*), composta exclusivamente de alemães sadios e racialmente inatacáveis, eliminado-se a presença de qualquer elemento poluidor (os insanos, os degenerados, os judeus e os ciganos). Para preservá-los em sua pureza, nenhuma possibilidade de confraternização inter-racial seria permitida. A *mistische*, a mistura racial, era vista como uma ameaça possível de degenerar a raça superior. Segundo um dos pesquisadores antissemitas, o prof. Clauss, havia um impedimento para esses casamentos mistos, porque as "almas raciais", a dos arianos e a dos judeus, por exemplo, jamais poderiam compreender-se ou afinar-se, mesmo quando nasciam no mesmo país e falavam o mesmo idioma.

A divisão da política da eugenia

Dividiu-se a política da eugenia em três grandes categorias, quanto à sua execução: 1) a **esterilização** *(Sterilisirung)* foi aplicada a certas classes de gente: nos insanos, nos idiotas, nos imbecis, nos pervertidos e em criminosos habituais; 2) **a eutanásia** *(Gnadentod,* a morte sem dor) nos doentes irrecuperáveis de qualquer idade, nos idosos senis, e em alguns casos de demência, por meio de injeções de fenol, nos asilos ou em sanatórios. Depois, no transcorrer da guerra, simplesmente deixava-os morrer de fome; 3) **o extermínio** *(Endlösung)* teve um alcance bem mais amplo. Inicialmente concentrou-se nos menores excepcionais, nas vítimas do mongolismo (4 mil) que estavam acolhidos em escolas especiais e em sanatórios e que foram gaseados em caminhões adaptados como câmaras da morte, sendo para tanto utilizado o monóxido de carbono. Em seguida foi a vez dos loucos (70.273 por gás e 120 mil de fome), e, por fim, o Holocausto dos judeus (6 milhões) e dos ciganos (200 mil), vitimados em massa pela "solução final"*(Endlösung).* Depois de terem reduzido os fuzilamentos em massa que ocorreram no Leste Europeu, a partir de 1941 eles foram gaseados e incinerados em campos de extermínio espalhados pela Alemanha oriental e principalmente pela Polônia (em Auschwitz matavam-se 4.500 ao dia).

Contando com o apoio dos colaboracionistas, os nazistas, deliberadamente assassinaram cerca de 5,4 milhões de judeus, cerca de 2,6 milhões a tiro e 2,8 milhões por gás (cerca de um milhão em Auschwitz, 780.863 em Treblinka, 434.508 em Belzec, 180 mil em Sobibor, 150 mil em Chelmno e 59 mil em Majdanek.

Muitos outros mais foram mortos em furgões de gás na Sérvia ocupada e nos territórios conquistados à União Soviética.

Centenas de milhares de judeus morreram durante a deportação para guetos ou de fome ou doença depois de terem sido instalados. Outro 300 mil judeus foram assassinados por um aliado da Alemanha, a Romênia. A maioria das vítimas do Holocausto haviam sido cidadãos polacos ou soviéticos antes da guerra (3,2 milhões e 1 milhão, respectivamente). Também foram exterminados bem mais de duzentos mil ciganos.

Quem tinha direito à vida

As populações dos países ocupados eram divididas em quatro categorias, estabelecidas pela Central de Segurança do Reich (*Reischssicherheitshauptamt, RuSHA*), um braço da poderosa SS (*Shutzstaffel*), chefiada por Heinrich Himmler.

Na I – eram classificados os alemães e seus descendentes; na II – os não alemães; ao III grupo pertenciam as pessoas consideradas aptas para o trabalho; e na IV – aqueles que eram enviados para o campo de trabalho/extermínio de Auschwitz.

Em 10 de dezembro de 1941, com a crescente dificuldade das forças nazistas no seu avanço na URSS, Heinrich Himmler ordenou que uma comissão de médicos viajasse por todos os campos de concentração a fim de eliminar os doentes e os "psicopatas" (em geral, os comunistas) que fossem considerados incapazes para o trabalho. Doravante bastaria ser idoso, doente, judeu, sacerdote, comunista ou social-democrata para ser assassinado.

Os selecionadores

Os responsáveis pelo extermínio fixaram, a partir de 9 de março de 1943, uma equipe permanente de "selecionadores" que aguardavam as vítimas nas plataformas das estações ferroviárias, todos portadores de títulos de doutor.* O trabalho deles era supervisionar os procedimentos de extermínio. Deviam separar os fracos, os doentes, os velhos, bem como as crianças e enviá-los para as câmaras de gás, enquanto um outro grupo, mais jovem e ainda sadio, seria mantido vivo para os trabalhos na infraestrutura dos campos e nas fábricas, que os utilizavam como mão de obra.

Síntese das principais leis e decretos da política da eugenia

Datas	Leis e decretos	Objetivos
14/jul/1933	Lei da *Profilaxia dos Descendentes* com doenças genéticas (lei de proteção da hereditariedade)	Esterilização à força nos casos de debilidade mental congênita, esquizofrenia, loucura maníaco-depressiva, epilepsia hereditária e alcoolismo grave (atingiu a 2 milhões de indivíduos).
14/jul/1933	Lei do *Subsídio ao Casamento*	Visava a estimular os casamentos "puros" e os nascimentos, subsidiando os casais que tivessem filhos adicionais.

(Continua)

---

* Uma organização médica reivindicou essa função junto ao comando da SS, em vista, segundo ela, dos selecionadores terem que ter formação acadêmica, com extensão em antropologia racial, para, em meio à multidão semita ou não germânica, que desembarcava nos campos, poderem identificar um ariano puro e salvá-lo da morte certa.

(Continuação)

Datas	Leis e decretos	Objetivos
15/set/1935	Lei de *Proteção do Sangue e da Honra* alemã (leis de Nuremberg)	Proibição de casamentos mistos, especialmente com judeus, bem como qualquer relacionamento sexual entre alemães e judeus. Os casamentos mistos foram declarados ilegais e os casais obrigados a se separarem.
1º/set/1939	Autorização para o *Programa de Eutanásia* a ser executado pelo *Reichleiter* Bühler e o Dr. Brandt.	Autorização para certos médicos para executarem o programa da morte misericordiosa a ser aplicada nos loucos, doentes incuráveis, velhos senis e menores excepcionais (a pressão da Igreja e do clero fez com que suspendessem o programa).
1941	Lei contra *estranhos à comunidade* (projeto do Ministério da Justiça)	Médicos decidiriam pela esterilização dos antissociais em comum acordo com os oficiais de justiça, que fixaram as penas de morte em campo de concentração, calculados os atingidos ao redor de 1 milhão (lei não aplicada porque os outros ministérios não permitiram).
20/jan/1942	*Conferência de Wansee*, Berlim, com a participação de todos os ministérios coordenados por Heydrich da SS e SD	Oficialização do programa da "solução final"(*Endlösung*) da questão judaica em campos de extermínio (*Vernichtungslager*). Estimou-se um genocídio de 10-12 milhões de judeus europeus e de 200-300 mil ciganos (o programa vitimou entre 6 e 6,2 milhões de pessoas entre 1941-5).

A biocracia nazista

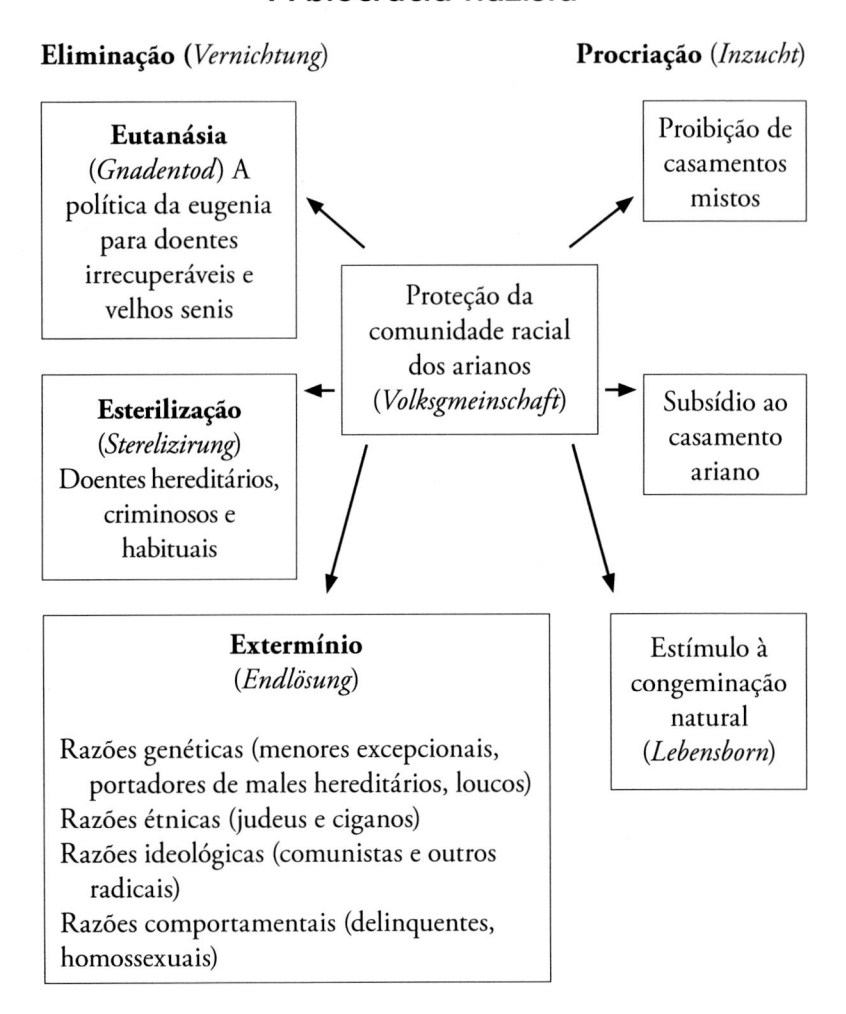

Eliminação (*Vernichtung*)

Procriação (*Inzucht*)

Eutanásia (*Gnadentod*) A política da eugenia para doentes irrecuperáveis e velhos senis

Esterilização (*Sterelizirung*) Doentes hereditários, criminosos e habituais

Proteção da comunidade racial dos arianos (*Volksgmeinschaft*)

Proibição de casamentos mistos

Subsídio ao casamento ariano

Extermínio (*Endlösung*) Razões genéticas (menores excepcionais, portadores de males hereditários, loucos) Razões étnicas (judeus e ciganos) Razões ideológicas (comunistas e outros radicais) Razões comportamentais (delinquentes, homossexuais)

Estímulo à congeminação natural (*Lebensborn*)

Hitler e o Anti-Comintern

Ministro japonês, Hitler e o conde Ciano

Durante os seis anos de poder que antecederam a Segunda Guerra, de 1933 a 1939, Adolf Hitler engendrou um jogo astucioso no sentido de evitar a situação dramática em que a Alemanha Imperial se encontrou em 1914, isto é, ter que lutar em dois *fronts* simultaneamente. Frente às potências vitoriosas, em 1918, ele se colocou como o campeão do anticomunismo, o líder radical que se opunha com todas as forças à expansão do bolchevismo para as terras do Ocidente. Por outro lado, aos ouvidos de Moscou, manteve um discurso ambíguo, denunciando os males da plutocracia capitalista controlada por judeus ardilosos que manipulavam os negócios em seu favor.

Resultante da sua face profundamente hostil à URSS e ao regime de Stálin, ele promoveu a formação do Pacto Anti-Comintern, assinado em Berlim em 25 de novembro de 1936, aliança preventiva entre a Alemanha Nazista e o Japão do Micado, estendido à Itália Fascista em 1937.

Caso houvesse um ataque soviético às potências do Eixo, assim, passaram a se chamar, agiriam em comum acordo.

Com isto, Hitler esperava garantir a simpatia das posições conservadoras e direitistas dos países da Entente, que acreditavam que ele, mais tarde ou mais cedo, se lançaria sobre as estepes da URSS.

Desse modo, não fariam oposição séria ao rearmamento alemão nem à política de recuperação das fronteiras de 1914, perdidas na Grande Guerra, posição esta que levou os governos da Grã-Bretanha e da França à política de apaziguamento ou abrandamento (satisfazer as exigências do ditador para evitar ao máximo uma nova guerra europeia) e que teve seu clímax no famoso Acordo de Munique, acertado em 29 de setembro de 1938.

Naquela ocasião, os governos da Entente, com a concordância de Mussolini, aceitaram que Hitler retomasse a região dos Sudetos, território que, desde o Tratado de Versalhes, pertencia à República da Tchecoslováquia, ainda que povoado majoritariamente por alemães (65%), fosse incorporado ao III Reich em troca da promessa dele de não mais fazer exigências territoriais.

Mesmo que as populações francesas e inglesas, aliviadas pela suspensão temporária da guerra, exultassem com o resultado que o primeiro-ministro Chamberlain e o presidente Daladier obtiveram em Munique, o futuro logo mostrou suas ilusões. Aos observadores em geral estava claro que os vencedores de 1918 haviam capitulado frente ao poder nazista. Isso veio a reforçar o enorme desprezo que o Führer devotava aos regimes democráticos e ao clima liberal que então vigia neles. No dia 10 de março do ano seguinte, as tropas nazistas ocupam o restante da Tchecoslováquia a pretexto de "garantir a ordem", sinalizando que o ditador estava longe de manter-se satisfeito.

Outro feito surpreendente de Hitler foi a realização do sonho dos Pangermanistas: a política de anexação da República da Áustria, a Anschluss, executada em 12 de março de 1938, quando o Führer, entrando em Viena amparado pela multidão, proclamou na Heldenplazt a transformação do país antes independente numa província do Reich: a Ostmark.

Formou-se desse modo o Grande Reich Alemão (*Grossdeutsches Reich*), unindo alemães e austríacos, sendo a Áustria reduzida ao estatuto de *Reichsgaue Ostmark*.

A situação foi confirmada por um referendo, convocado para o dia 10 de abril, que teve apoio total da população austríaca (99% dos votos).

Entrementes, o prestígio interno dele tornou-o inabalável. Durante os dois últimos anos, desde a remilitarização da Renânia, ele arrancara concessões e obtivera sucesso sem que nenhum tiro fosse disparado ou sangue derramado. Todavia, isso demorou pouco.

Hitler, entre o êxtase e a catástrofe final

A divisão de Berlim, capital da Alemanha, entre os vitoriosos deu-se oficialmente entre 7 e 8 de maio de 1945, ocasião em que o Almirante Dönitz, último chefe de governo designado por Hitler (que se suicidara no dia 30 de abril), determinou a capitulação final das forças armadas germânicas – a Wehrmacht, a Kriegsmarine e a Fulftwaffe.

Desfile da SS Leibstandarte pela avenida Unter den Linden (20/04/1939)

Frente à avassaladora presença dos exércitos aliados, que naquela ocasião ocupavam a totalidade do território nacional alemão, nenhuma resistência mais era possível.

Coube ao general Helmut Weidling, derradeiro comandante da guarnição, realizar os procedimentos para encerrar os combates que ainda espocavam aqui e ali em meio às ruínas da capital do III Reich, assinando a capitulação no *Schulenburgring*. A metrópole estava totalmente devastada pelos bombardeios aéreos anglo-americanos e pela artilharia soviética. A Segunda Guerra Mundial chegava ao fim na Europa.

Berlim, todavia, ainda conheceria outra divisão quando dezesseis anos depois, em abril de 1961, o regime comunista da República Democrática da Alemanha, imposto pela ocupação soviética, determinou o erguimento de um muro separando a ex-capital em duas partes totalmente antagônicas: a Berlim Oriental e a Berlim Ocidental, situação que se estendeu até a derrubada do muro, em novembro de 1989, acontecimento que não somente reunificou a Alemanha como anunciou o fim do regime comunista.

A maior parada militar do mundo

Seis anos antes, por ocasião do 50.º aniversário do Führer, em 20 de abril de 1939, dia do *Führergeburtstag*, a cidade estava em festa. Milhares de cidadãos vindos de todas as partes do país reuniram-se na sede do Reich para prestar homenagens a quem consideravam o "salvador da pátria alemã".

Desde pela manhã daquele dia frio as delegações populares, a maioria delas vestindo trajes típicos, rumaram para as proximidades da residência oficial para assistir à banda da *Liebstandarten SS* (*Schutz-Staffeln*, a tropa de elite do partido nacional-socialista), tocar um dobrado marcial que inaugurou a estafante jornada: a *Badenweiler March*, a preferida do Führer.

Em seguida, deu-se o mais impressionante desfile militar a que a Europa moderna jamais assistira. Enquanto Hitler prestava o cumprimento fascista aos milhares de pessoas que abanavam para ele, um coral com milhares de vozes erguidas no meio das fanfarras entoava o célebre canto ouvido no campo de Leuthen quando Frederico o Grande (1712-1786) derrotou os austríacos.

Por orientação de Albert Speer, o arquiteto e cenógrafo favorito do regime, a famosa Avenida Unter den Linden, eixo que corta a cidade de leste para oeste, estava toda ornamentada com monólitos com águias e cachos de bandeiras com a suástica. À sombra delas, a multidão se apinhava para acenar em direção à limusine Mercedes Benz que conduzia Hitler à tribuna construída em frente à Chancelaria do Reich, por onde desfilariam as tropas. Speer o esperava-o embaixo da Porta de Brandemburg para seguir com ele até o seu momento de maior glória.

Quem abriu o espetáculo militar foram os motociclistas, seguidos pela artilharia motorizada. Centenas de veículos rugiam pelo asfalto, numa impressionante formação de precisão, disciplina e ordem. Nos céus, por sua vez, viram-se cobertos pelos caças e bombardeios da Força Aérea. Logo um compacto pelotão em passo de ganso apresentou-se com as flâmulas históricas, acompanhado por uma massa de infantes. Seguiram-no os praças da aeronáutica, os paraquedistas e os regimentos da marinha de guerra, sendo aquela parte do desfile fechada pelos caminhões apinhados com soldados da infantaria motorizada.

Ao lado de Hitler estavam os comandantes militares das três armas: o almirante Raeder e o general Brauchitsch, e, com o peito carregado de condecorações, Herman Goering. Ao fundo, reuniam-se o corpo diplomático e os oficiais estrangeiros convidados. Além deles encontravam-se 1.600 chefes regionais do partido nazista que se fizeram presentes para a ocasião. Pela avenida e ruas próximas aos batalhões em forma, seguramente espremiam-se mais de um milhão de populares.

Em meio a um momentâneo silêncio, ouviu-se o som dos tambores e uma trovoada de clarins, anunciando a aproximação dos cavalarianos que passaram em trote acelerado frente à tribuna. Após isso, regimentos das três armas, dirigindo-se diretamente ao chefe, baixaram suas bandeiras frente a Hitler, num gesto de total obediência dos militares àquele que comandava os destinos da Alemanha.

Uma nova leva de carros de artilharia antiaérea tomou conta da avenida, sucedida por caminhões puxando enormes canhões, tudo se encerrando com um estridente desfile de tanques de guerra. Como nunca até então, o nacional-socialismo apresentou-se como resultado final da fusão total do povo, com os militares e o Führer. Uma nação inteira colocava-se submissa à vontade de um só homem: Adolf Hitler, o chanceler do Reich.

Com a exibição de seis divisões de exército, 40 mil homens e 600 tanques, provavelmente aquela foi a maior demonstração de força exibida por um governante desde que Napoleão marchou com sua guarda imperial pela última vez pelas ruas de Paris, em 1815, quando se dirigiu a Waterloo. Joseph Goebbels, ministro da propaganda e organizador geral do desfile, registrou no seu diário: "O Führer foi festejado como nenhum outro mortal até então".

A população de Berlim ainda exultou pouco mais depois quando as tropas que haviam conquistado em 40 dias a Holanda, a Bélgica e principalmente a França, retornando do *front*, desfilaram pelas avenidas da capital do III Reich. Mulheres e moças portando ramalhetes de flores tentavam colocá-los nos capacetes ou nas jaquetas dos soldados que desfilavam celebrando a esmagadora vitória. Foi o maior momento de glória de Hitler e do nacional-socialismo. Cinco anos depois tudo aquilo virou ruínas.

Soterrada pelas ruínas

A macro-operação militar realizada pelos Aliados (EUA-GB-URSS) visando ao cerco e ao garrote final da Alemanha nazista dera-se em dois momentos. O primeiro deles decorreu após a espantosa vitória soviética em Stalingrado, ocasião em que, em meio ao tenebroso inverno russo, o marechal Vasily Chuikov forçou a rendição final do VI Exército alemão, obtida em 2 de fevereiro de 1943. Mais de 800 mil soldados alemães subordinados ao marechal Paulus foram mortos, feridos ou capturados, numa das maiores batalhas travadas em todos os tempos.

A outra parte ocorreu um ano depois no *front* ocidental quando os aliados (norte-americanos, britânicos, canadenses e franceses), liderados pelo general Dwight Eisenhower, conseguiram desembarcar com sucesso na Normandia, na costa atlântica da França, em 6 de junho de 1944.

Dali em diante, até março de 1945, os anglo-saxões levaram as tropas alemãs de roldão de volta às fronteiras de 1939, invadindo em seguida o país. Não demorou muito para que soldados soviéticos e norte-americanos se encontrassem pela primeira vez em 25 de abril de 1945 sobre a semidestruída ponte do Rio Elba, em Torgau, na Saxônia do Norte.

Nesse tempo, Berlim viu-se atacada ao leste por dois milhões e meio de soldados russos, organizados em 150 divisões, que a enlaçaram num duplo movimento, liderados pelos generais Zuhkov e Koniev. Contra isso, uma autêntica avalanche de blindados e aviões de combate, o general Henrici contava apenas com 137 mil homens. Um Joseph Goebbels, furioso com o desastre, gritou para um subordinado: "Estamos caindo, mas arrastaremos o mundo junto".

Refugiado no *bunker*

Hitler, entocado num *bunker* nas proximidades da *Wilhelmstraße*, planejando suicidar-se, ainda teve a desdita de receber um telegrama de Herman Goering que dizia: "O senhor aceita que eu assuma a direção total do Reich com plenos poderes, no exterior e no interior? Se não houver resposta dentro de 22 horas de hoje, considerarei que cessou sua liberdade de ação e agirei da melhor maneira visando aos altos interesses do nosso povo e de nosso país."

Aquele que apenas seis anos antes partilhara com ele o momento de êxtase supremo na tribuna do Desfile Triunfal agora desejava afastá-lo do posto de comandante máximo da Alemanha. A sorte de Goering foi estar longe de Berlim, visto que uma das últimas ordens despachadas pelo Führer, ainda que o poupasse do fuzilamento, foi de destituí-lo de todos os galardões que acumulara desde que os nazistas haviam assumido o poder em 1933, entre elas a de *Reichsmarschall*.

Quando a notícia da morte de Adolf Hitler foi anunciada, a sede do Reich praticamente não existia mais como centro habitado. Justamente na outrora orgulhosa Avenida Unter den Linden – local preferido dos desfiles marciais desde os tempos de Frederico o Grande – circulavam carrinhos de mão abarrotados com os pertences dos fugitivos e dos civis desabrigados.

Era um sem-fim de gente desesperada, foragida da Alemanha do leste, tentado escapar dos russos como podiam. Nas calçadas alinhavam-se os corpos das vítimas dos bombardeios, centenas deles, enquanto das janelas dos prédios destruídos grossa fumaça tomava conta do céu. Grupos de bombeiros tentavam inutilmente reduzir com suas mangueiras a violência dos incêndios, que não cessavam de ser alimentados pelo constante dilúvio de bombas que atingia a cidade.

Atrás das paredes do que restara, um exército de meninos e de adolescentes, remanescentes da *Hitlerjügen*, a Juventude Nazista. Armados precariamente, ainda emboscavam os soldados soviéticos que se insinuavam pelo entulho em grandes bandos com a bandeira vermelha em punho. Eram acompanhados pelos pesados tanques T-34 que abatiam a tiros de curta distância quem insistisse em não se render. Berlim sufocava. Ao ar irrespirável somavam-se as avenidas e ruas intransitáveis repletas de entulho, pedras e telhas quebradas.

A travessia delas era cada vez mais perigosa devido ao incessante tiroteio cruzado. Milhares de projéteis de todos os calibres eram disparados por minuto, provocando um matraquear ensurdecedor e apavorante.

Os palácios, os ministérios, as igrejas, os ginásios, e tantos outros prédios governamentais destruídos se juntavam a mais de 250 mil construções arrasadas por mais de 380 raides aéreos da RAF e da Força Aérea Americana que a cidade sofrera desde 1940-2. A capital parecia-se a um gigantesco corpo gótico cujas entranhas haviam sido brutalmente removidas e expostas, restando apenas a carcaça. Até que, por fim, um estranho silêncio tomou conta de tudo. A guarnição se rendera. A guerra terminara. Quantos daqueles oficiais e jovens soldados que desfilaram no aniversário do Führer restaram vivos alguns anos depois? Certamente que ninguém tem a resposta.

Nazismo e a luta pela cultura

Desde o começo da década de 1920, integrantes mais intelectualizados do Partido Nacional-Socialista (nazismo) decidiram travar uma batalha ideológica contra a arte moderna, particularmente o Expressionismo alemão, estética tida por eles como exemplo da *Entartete kunst*, "a arte degenerada". Era o começo de uma *Kulturkampf*, luta que terminou com o banimento de milhares de livros e obras de arte quando Hitler alcançou o poder a partir de 30 de janeiro de 1933.

Expressionismo e realismo

Para os artistas expressionistas, fossem eles pintores, escultores, literatos ou cineastas, por mais que se inclinassem por um figurativismo propositadamente deformado ou caricatural, por mais que seus cenários fossem expostos como labirintos sombrios e lúgubres, percebiam-se como os que mostravam a verdadeira situação psicológica em que a Alemanha se encontrava no pós-Grande Guerra. Eles, com seus rabiscos tortos e suas personagens estilhaçadas ou caricaturadas de modo grotesco, é que eram os autênticos retratistas da situação socioeconômica e moral da nação derrotada.

Suas obras nada mais registravam senão que o termômetro da frustração coletiva com as imposições do Tratado de

Versalhes (que de modo tão implacável tratou a Alemanha vencida), com suas pesadas indenizações de guerra, com o desemprego e a inflação violenta que se seguiu, e o enorme desencanto que a população demonstrava em relação às limitações da República de Weimar. Podiam não gostar dos expressionistas, mas não podiam dizê-los alienados ou indiferentes à realidade.

A crítica da direita

A direita alemã – fosse a dos quadros dos paramilitares do Stahlhelm ou os nacionais-socialistas de Hitler – simplesmente os abominava. Acreditava que o Expressionismo era um estrangeirismo, uma clara influência judaico-bolchevique ou simples perversão burguesa. Certamente que não germânica. Uma degenerescência, enfim.

Era preciso, pois, uma política que visasse à *Säuberung*, "a limpeza" do mundo cultural germânico, a fim de reintroduzir os valores sagrados do germanismo e do patriotismo, que pareciam estar esmagados ou desconsiderados pelas vanguardas.

Para os intelectuais da direita, inclinados ao revanchismo, preocupados fundamentalmente com o futuro despertar da Alemanha – *Deutsche Erwache* –, com aquele tipo de arte, com aqueles propósitos estéticos sistematicamente "deformados" não seria possível reconstruir a autoestima do povo alemão.

Dois pilares estéticos foram então reclamados pelos ideólogos da direita para enfrentar a "corrosão" provocada pelos da vanguarda: aquele cujas raízes estavam ligadas à cultura *volkish*, ou populista, herdeira das tradições mais elementares do povo alemão, que remontavam a tempos anteriores ao cristianismo (lendas e mitologias "nórdicas"), e outro vinculado à estética clássica de origem greco-romana, introduzida na Alemanha pelos trabalhos de Johann J. Winkelmann no século XVIII, materializados na sua famosa obra *Geschichte der Kunst des Alterthums* ("História da Arte Antiga"), publicada em 1764.

A mais difundida crítica feita pela direita alemã ao vanguardismo partiu do arquiteto Paul Schultze-Naumburg, companheiro do ideólogo nazista Alfred Rosemberg, com quem partilhava a liderança da *Kampfbund für Deutsche Kultur*, a liga pela defesa da cultura alemã, fundada em 1929.

No seu livro *Kunst und Rasse* ("Arte e Raça"), Schultze-Naumburg acusou-a de defender uma estética patológica, preocupada essencialmente em expor as anomalias físicas e psicológicas dos seres humanos. Era uma aberta rejeição aos cânones perenes da arte voltada para o belo e o sublime, uma abjeta traição à vocação da obra autêntica, pois dava espaço a subjetividades perversas e doentias, certamente que não arianas.

Os assim ditos artistas modernistas pareciam-lhe uma pandilha de loucos e perturbados da cabeça cuja missão centrava-se em enfear e degradar os seres e o mundo circundante com o seu horror visual produzido em série. Tratava-se de terroristas vocacionados à destruição da cultura pela torpe exposição das mazelas humanas.

Havia, para ele, uma íntima sincronia entre a obra e o seu criador. Assim sendo, se o artista opta em retratar uma figura humana com acentuados desvios anatômicos ou alterações mentais visíveis, é porque ele padece do mesmo mal.

O mundo objetivo das artes mantém-se em estreita consonância com a subjetividade do autor. Um degenerado produz arte degenerada. Quem tinha uma alma doente identificava-se com o desfigurado. O pior é que isso contamina o meio ambiente, mostrando ao público o lado perverso da natureza das coisas, o aspecto pérfido e antissalutar da existência, deprimindo as pessoas ainda mais.

Era urgente restaurar uma cultura "substancial" que tivesse como meta elevar as perspectivas da coletividade e não o seu contrário.

A crítica de Schultze-Naumburg afinava-se com a ideologia racista da "contaminação". Do mesmo modo que uma raça "pura" se vê ameaçada pela *Mischung*, a miscigenação, a arte verdadeira, era acossada pela estética deletéria do Expressionismo e demais escolas vanguardistas.

Hitler e a questão cultural

Desde sua ascensão ao poder, em 30 de janeiro de 1933, medidas concretas foram tomadas pelo regime nacional-socialista contra o Movimento Modernista. O próprio ditador fez vários pronunciamentos referentes a essa questão, invariavelmente implicando as artes com as intenções do bolchevismo e do judaísmo, apontados por ele como uma associação maligna que visava à destruição da autenticidade germânica.

Merece destaque os proferidos em Nuremberg em setembro de 1935 (em texto intitulado *Auf der Kulturtagung des Reichsparteiteges*); o pronunciado durante a inauguração da Primeira Exposição de Arte Alemã, ocorrido em Munique, em julho de 1937 (*Rede bei der Eröffnung der Erste Grossen Deutschen Kunstausstellung*); e outro, lido um ano depois, em 1938, por ocasião da inauguração da Segunda Exposição da Arte Alemã (*Rede bei der Eröffnung der Zwiten Grossen Deutschen Kunstausstellung*), nos quais não somente reafirmou o banimento do Expressionismo como de outras correntes (dadaísmo, cubismo, fauvismo, surrealismo,... etc.), como determinou a proibição da utilização de cores que não fossem as ditas naturais.

Ele considerava essas medidas necessárias para a preservação do bom gosto estético da comunidade alemã, bem como em favor da sua saudabilidade mental.*

O banimento das artes

Dois oligarcas do partido nacional-socialista rivalizavam no controle da cultura: o já citado Alfred Rosemberg, ideólogo e editor do jornal do partido *Völkischer Beobachter*, e Joseph Goebbels, o Ministro da Propaganda e da Instrução do Terceiro Reich, que de fato assumiu o controle da política repressiva. O doutor Goebbels instituiu uma *Reichskulturkammer*, a Câmara das Artes do Reich, presidida a partir de 1936 por quatro integrantes filonazistas para executar a tarefa da *Säuberung*, da purificação das artes e da cultura, chefiada pelo pintor e professor de artes Adolf Ziegler (na gravura). Este se revelou uma versão alemã do padre

Adolf Ziegler

---

* A reprodução dos discursos de Hitler referente à cultura e às artes encontra-se no livro de Berthold Hinz – *Die Malerei im Deutschen Faschismus*, págs. 135, 149 e 167.

Tomás de Torquemada, o Grande Inquisidor, no seu furor em expurgar as obras de arte e perseguir os autores.

No total, a Câmara das Artes, que chegou a contar com 45 mil aderentes, proibiu ou vetou 16 mil telas, gravuras, impressões e esculturas (mil de Nolde, 700 de Haeckel, 600 de Kirchner, 500 de Beckmann, 400 de Kokochka, além de Barlach, Feininger, Otto Dix, Grosz, Lehmbruck, e um numero diverso de Cézannes, Picassos, Matisses, Gauguins, Van Goghs, Chiricos, Max Ernst e outros mais), sendo que 4 mil peças foram incineradas no Quartel-General dos bombeiros de Berlim, em 1939.*

A casa da cultura alemã

Para enfatizar o empenho do nazismo na Kulturkampf, na luta contra a *Entartete Kunst*, a Arte Degenerada, Hitler determinou que o seu arquiteto favorito na época, o professor Paul F. Troost, desse começo à construção da *Haus der Deutsche Kunst*, a Casa das Artes Alemãs, erguida em Munique a partir de 1934 (concluída em 1937 para a inauguração da Grande Exposição).

O prédio, um pastiche neoclássico, abrigaria exclusivamente obras identificadas com o ideário estético determinado pelo regime nazista. O seu estilo arquitetônico, ao remontar ao Império Romano, não escondia as ambições de conquista do Terceiro Reich. Como Hitler enfatizou no pronunciamento inaugural, era um templo onde tudo seria "exclusivamente alemão"; nada que fosse identificado com uma corrente de arte internacional ou de "assim chamada de moderna" teria

---

* Ver Richard Grunberger – *A Social History so the Third Reich,* págs. 534-5.

ali abrigo. Somente haveria lugar "para a Sabedoria, a Vida, o Sentimento e as Sensações do povo alemão".

Encarregou então Joseph Goebbels de apresentar uma exposição onde a Arte Degenerada fosse confrontada abertamente com a "Arte Ariana", isto é, aquela identificada com os genuínos valores da germanidade. Para tanto, com a orientação de Ziegler, foram selecionadas pelo Ministério da Propaganda mais de 650 telas e gravuras tidas como as mais exemplares do que o nazismo classificara como expressão da decadência burguesa (quase toda ela inspirada na dinâmica apresentada por Schultze-Naumburg, no seu famoso livro *Arte e Raça*), sendo que os quadros foram agrupados e identificados com frases que visavam a expor seus autores ao escárnio.*

---

* *Os artistas selecionados para serem expostos ao ridículo foram:* Jankel Adler; Ernst Barlach; Rudolf Bauer; Philipp Bauknecht; Otto Baum; Willi Baumeister; Herbert Bayer; Max Beckmann; Rudolf Belling; Paul Bindel; Theo Brun; Max Burchartz; Fritz Burger-Muhlfeld; Paul Camenisch; Heinrich Campendonk; Karl Caspar; Caspar Maria Filser; Pol Cassel; Marc Chagall; Lovis Corinth; Heinrich Davringhausen Maria; Walter Dexel; Johannes Diesner; Otto Dix; Pranas Domšaitis; Hans Christoph Drexel; Johannes Driesch; Heinrich Eberhard; Max Ernst; Hans Feibusch; Lyonel Feininger; Conrad Felixmuller; Otto Freundlich; Xaver Fuhr; Ludwig Gies; Werner Gilles; Otto Gleichmann; Rudolph Grossmann; George Grosz; Hans Grundig; Rudolf Haizmann; Raoul Hausmann; Guido Hebert; Erich Heckel; Wilhelm Heckrott; Jacoba van Heemskerck; Siebert Hans von Heister; Oswald Herzog; Werner Heuser; Heinrich Hoerle; Karl Hofer; Eugen Hoffmann; Johannes Itten; Alexej von Jawlensky; Eric Johanson; Hans Jurgen Kallmann; Wassily Kandinsky; Hanns Katz; Ernst Ludwig Kirchner; Paul Klee; Cesar Klein; Paul Kleinschmidt; Oskar Kokoschka; Otto Lange; Wilhelm Lehmbruck; El Lissitzky; Oskar Luthy; Franz Marc; Gerhard Marcks; Ewald Mataré; Ludwig Meidner; Constantin

Os artistas banidos, por sua vez, foram submetidos a três tipos de interdição: *Lehrverbot* (impedido de ensinar); *Austellungverbot* (proibição de expor) e, por último, e mais radical, *Malverbot* (proibido de pintar).

Durante os anos seguintes a 1937, várias exposições do tipo "Arte Ariana" x "Arte Degenerada" foram levadas a efeito em diversas cidades da Alemanha no sentido de engajar a população na luta contra as "taras da modernidade".

A mobilização total

A formulação estética do nazismo estava estreitamente ligada ao ideário de Hitler da Revolução Nacional, de realizar uma ampla mobilização das massas no sentido do redespertar germânico. Para superar as mazelas provocadas pela derrota de 1918 e tudo que a seguiu, o sentimento de orgulho mortalmente atingido pelos efeitos destrutivos do Tratado de Versalhes tinha que ser recuperado por todos os meios possíveis.

Daí, orquestrados pelo Estado nacional-socialista, a proliferação de desfiles cívicos e militares, paradas da juventude, grande concentração de multidões e estridentes clarins

---

von Mitschke – Collande; Laszlo Moholy-Nagy; Margarethe (Marg) Moll; Oskar Moll; Johannes Molzahn; Piet Mondrian; Georg Muche; Otto Mueller; Erich Nagel; Heinrich Nauen; Ernst Wilhelm Nay; Karel Niestrath; Emil Nolde; Otto Pankok; Max Pechstein; Max Peiffer – Watenphul; Hans Purrmann; Max Rauh; Hans Richter; Emy Röder; Christian Rohlfs; Edwin Scharff; Oskar Schlemmer; Rudolf Schlichter; Karl Schmidt – Rottluff; Werner Scholz; Lothar Schreyer; Otto Schubert; Kurt Schwitters; Lasar Segall; Friedrich Skade; Friedrich (Fritz) Stuckenberg; Paul Thalheimer; Johannes Tietz; Arnold Topp; Friedrich Vordemberge Gildewart; Karl Völker; Christoph Voll; William Wauer; Gert Heinrich Wollheim.

para celebrar o aniversário do partido, exaltação do dia da arte alemã, tudo sempre acompanhado por agrupações uniformizadas... a cultura, enfim, viu-se militarizada, obediente a um patriotismo chauvinista e ruidoso, funcionando ao toque dos taróis como se estivesse a serviço do imperativo de Martin Heidegger, que determinava *"Auf eienen Stern sugehen, nur dises"* ("avançar em direção a uma estrela, somente isso")... *Alles ist Weg* ("tudo é caminho").

O partido nazista travava uma guerra. Uma guerra simultaneamente contra o judaico-bolchevismo e contra o capitalismo Mamon e seus satélites. Lutava pela preservação da raça ariana, uma raça superior de quem diziam descender, ameaçada por inúmeros agentes dissolventes que deveriam ser abatidos ou exterminados, inclusive os de origem biopatológica.

Nesse cenário de exercício simulado de uma guerra total (que se processou antes da guerra de fato, declarada em setembro de 1939), no qual a nação alemã inteira foi convocada a participar, é que se podem entender as diretrizes culturais do Terceiro Reich.

Quando mais tarde, em fevereiro de 1943, Joseph Goebbels pronunciou seu célebre discurso em Berlim em defesa da *Totaler krieg* – "a Guerra Total é a demanda da hora" –, ela já tinha sido antecedida pelo apelo à luta cultural feito anteriormente por Hitler.

A temática ariana

Por conseguinte, se a pátria estava em guerra, era preciso restabelecer a importância da heroicidade na formação da vida nacional (telas com guerreiros, cenas de batalhas, companheirismo tinham a preferência do regime), assim como a das caçadas (no sentido de lembrar a todos o passado aventureiro e corajoso dos alemães). Simultaneamente, vedava-se qualquer manifestação pelo pacifismo e pela fraternidade universal, ou representação que pudesse ser entendida como derrotismo ou fraqueza frente aos estrangeiros.

O campo, o trabalho e a guerra

Os camponeses, sustentáculo racial do povo alemão, exemplos máximos do *Blut und Boden*, "sangue e solo", eram mostrados nas suas atividades diárias arando as terras ou agrupados em encontros familiares, num cenário que lembrava uma Arcádia rural a ser restaurada em meio a uma paisagem idílica livre das máquinas (as telas dos pintores simpáticos ao regime são marcadas pela ausência completa da tecnologia, não havendo nelas imagens de tratores, colheitadeiras ou ceifadeiras, mas arados com tração animal, tais como na concepção de Werner Peiner: *Herbst in der Eifel* e *Deutsche Erde*; na de Franz Gerwin: *Der Schnitzer*; na de Carl Bauer: *Pfluger*; na de Johan Vinzenz Cissarz: *Pflugender Bauer*; e também em Oskar Martin-Amorbach: *Der Säemann*; ou ainda em Thomas Baumgartner: *Bauern beim Essen* e em Anton Lutz: *Oberösterreichsche Bauerfamilie*.

Ou ainda o camponês em seu vigor de homem de ação (como na concepção titânica de Albert Burkle: *Kampfender Bauer*)

O trabalho braçal tinha enorme destaque (como se vê na tela de Hans Steiner: *Hochfenabstich*, ou ainda nas de Arthur Kampf: *Im Walzwerk* e *Walzwerk*), visto o desprezo dos nazistas pelo intelectualismo, observando-se um aumento considerável de cenas de guerra conforme o conflito foi sendo ampliado a partir de 1940, nas quais os combates eram alternados com imagens do martírio dos homens do fronte (como em Wilhelm Sauter *Heldenschrein*, George Siebert: *Meine Kameraden*, Willi Tschech: *Waffen SS im Kampf*, de Emil Dielmann: *Wacht im Osten* e nas de Georg Ehmig: *Stossstrupp*, de Richard Rudolph: *Kameraden*, de Franz Eichhorst: *Tankabwehr* e *Maschinengewehrnest*, e tantas outras mais).

Evidentemente que Hitler, como o Führer, o líder máximo da vontade de um povo inteiro, assumia a posição de messias e novo Wotan, impondo sua lei com a espada, vendo sua imagem reproduzida nas mais diversas atividades (como no quadro *Bildnis des Führer*, de Fritz Erler).

Coube à escultura, particularmente com as obras de Arno Brecker e Joseph Thorak, exaltar pela gigantomania os *Apolos e Venus arianas*, os *super-homens nietzscheanos*, colossos esculpidos em mármore inspirados nos cânones greco-romanos com o intento de ressaltar a herança ocidental de que os nazistas diziam ser os portadores e naturais defensores frente ao bolchevismo e ao modernismo anárquico.

Século XX:
o Hitler de Ian Kershaw

Quando Hitler foi recebido por Winifred Wagner no Festival de Bayereuth, em 1923, ele não resistiu em contar-lhe como a ópera *Rienzi*, a primeira das composições de Richard Wagner, sogro da sua hospedeira, o enfeitiçara quando ele ainda era um rapaz. Assistira ao espetáculo do seu grande ídolo por sete vezes seguidas no teatro de Linz, na sua Áustria natal. Impressionado pela dramática história de Cola de Rienzi, o líder populista e ditador romano que tentara reunificar a Itália no século XIV, Hitler escalou os altos do monte Freinberg, perto da cidade, para de lá, em êxtase, jurar o compromisso de vir espalhar pelo mundo alemão um novo evangelho pangermanista e racista.

Winifred e Hitler

Esta era uma da tantas histórias que Hitler gostava de contar a respeito da sua intuição profética, espantando os ouvintes com aqueles relatos de como um joão-ninguém como ele, um ex-cabo na Grande Guerra de 1914-18, fora acometido por certeiras premonições que terminaram por conduzi-lo a sentar-se, desde 1933, na cadeira de Otto von Bismarck, o construtor da nação alemã, avassalando o país à sua vontade.

Ian Kershaw*, o mais recente biografo de Hitler, um ex--medievalista inglês que se impressionou com a história do Führer do nacional-socialismo, a quem dedicou dez anos da sua vida em pesquisas que resultaram em mais de duas mil páginas escritas, colocou esse episódio no volume primeiro do seu *Hitler, 1889-1936, Hubris,* enfocando os anos de ascensão dele ao poder.

Outras tantas coisas estranhas também ajudaram Adolf naquela incrível trajetória, entre elas o sobrenome. O pai de Hitler, batizado inicialmente como Alois Schicklgruber, de modestíssima família rural da Baixa Áustria, resolveu, em 1876, mudar o seu nome para Alois Hitler, um dono de um moinho que se tornara o segundo marido da mãe dele. Nada impulsionou mais a carreira do filho Adolf do que esta providencial troca de sobrenome. Era simplesmente inimaginável que alguém pudesse excitar as massas alemãs com os gritos de *Heil Schicklgruber* (seria inevitável a proximidade com

---

* Ian Kershaw, nascido em 1947, é professor na Universidade de Sheffield, Inglaterra, e decidiu-se a estudar o nazismo após ter tido um conversa casual com um velho nazista num bar em Munique nos anos de 1970, quando lá estava aprendendo a língua alemã. O sucesso do seu livro projetou-o logo entre as grandes obras sobre o nacional-socialismo, tema abordado em mais de 120 mil títulos.

a palavra *Schinken* = presunto, seguida da palavra *Gruber* = mineiro, cavador. Como supor as multidões gritando algo do gênero "Viva o enterrador de presunto"?).

Apesar dessas esquisitices, foi Hitler, entre todos os políticos daquele época que surgiram nos turbulentos anos vinte na Alemanha derrotada e humilhada, quem conseguiu captar o confuso sentimento de ressentimento, medo e desejo de vingança, que perpassava por toda a sociedade alemã dos anos do pós-Primeira Guerra Mundial. A República de Weimar (1918-1933), regime democrático fraco, vivia ameaçada pelos caos socioeconômico e pela revolução, aumentando ainda mais, nos meios da classe média, os temores de haver uma bolchevização geral da Alemanha.

A simples vista dos filmes expressionistas daquela época, reforçados pelas pinturas modernistas, com sua galeria de fantasmas, de vampiros, de niilistas malignos, de gente do *bas fond*, com seus cortejos de rameiras e de gigolôs, de assassinos pedófilos circulando em cenários propositadamente deformados, assustadores e labirínticos, é suficiente para dar uma ideia do estado psicológico da população alemã naquela ocasião.

De certo modo, como já se observou, Hitler foi um personagem desse expressionismo dos anos vinte da Alemanha desesperada. Uma espécie de Doktor Mabuse, figura central e aterradora do filme de Fritz Lang, que saltou da tela para vir, com seus mil olhos, enfeitiçar e demonizar uma nação inteira.

Hitler era um obsessivo, um monomaníaco, alguém capaz de martelar quem estava próximo por horas intermináveis com os seus temas favoritos: a malignidade dos judeus, a conspiração mundial contra a Alemanha, a ameaça bolchevique, a luta pela pureza racial, e assim por diante. Isso, todavia, explica pouco sobre o sucesso da ascensão dele. Se Kershaw dispensou os recursos da interpretação psicanalítica, afastando-se também do hitlercentrismo (a fácil recorrência em atribuir todas as desgraças da Alemanha ao pintor fracassado), não descartou porém o auxílio da poética de Aristóteles, para quem a *húbris*, a soberba e a arrogância desmedidas, invariavelmente, são sucedidas pela *nêmesis*, subtítulo do segundo volume, a implacável vingança que acomete os descomedidos, a que corrige os insolentes e os que ultrapassam os limites de tudo.

O interessante disso é que o anúncio de tal situação, isto é, a sensação da proximidade da *nêmesis* castigadora, materializou-se num famoso e teatral discurso de Goebbels. Tratou-se de uma apaixonada oratória que o ministro da propaganda do III Reich pronunciou no dia 18 de fevereiro de 1943 no superlotado Sportpalace de Berlim frente a um auditório de nazistas fanatizados, frente a uma perspectiva que se anunciava sinistra para o futuro da Alemanha nacional-socialista.

Logo após a derrota de Stalingrado, cidade russa onde cem mil alemães, integrantes do VI Exército do Marechal Paulus, meio mortos de frio e fome, renderam-se em janeiro de 1943, ficou visível a todos que os dias de glória do nazismo estavam contados. Dali em diante a tormenta de chumbo e pólvora que varreria a Alemanha de cima a baixo seria inevitável.

É então que Goebbels, apoplético, convoca todos os alemães a acompanharem Hitler numa guerra total até a uma impossível vitória final. No momento derradeiro da oratória, dominando a plateia como um mágico, Goebbels invocou os versos do poeta patriota Theodor Körner pronunciados em 1813, à época da guerra contra Napoleão: "Agora, erguemo-nos todos, e que a tempestade se abata sobre nós!"

Foi o que bastou para que o auditório, histérico, onde um terço se compunha de veteranos de guerra feridos, alçar-se gritando como se fosse uma trovoada só: "O Führer comanda, nós obedecemos". A biografia de Hitler escrita por Kershaw é um livro imenso, soberbo, um ponto alto da historiografia do fim do milênio, que vem a somar-se, superando as biografias anteriores de Hitler: a de Allan Bullock (de 1952) e a de Joachim Fest (1973), incorporando-as e superando-as. O estilo lembra o empirismo de Hume historiador, claro, preciso, escasso em adjetivos, mas pródigo em informações e dados, em total sintonia com a formação dos clássicos britânicos (das quase 2 mil páginas, 516 são de notas e citações bibliográficas).

Por que os nazistas continuam a lutar uma guerra perdida?

Num outro livro (*O Fim do Terceiro Reich. A destruição da Alemanha de Hitler: 1944-45.*), o historiador responde a uma pergunta chave: quando se tornou óbvio que a Alemanha perderia a guerra, e continuam a sofrer destruição devastadora, por que os nazistas e grande parte da população civil continuaram a lutar numa guerra perdida? O primeiro autor esboça a questão em um prefácio e depois identifica os *dramatis personae*, ou dos principais intervenientes no drama. Então, em uma introdução substancial, ele descreve os problemas e as explicações que têm sido oferecidas. Embora não seja um livro de história militar, como tal, não há dúvida sobre a discussão da postura militar do Reich, durante e após as batalhas fundamentais, para satisfazer as pessoas com tais interesses.

Explicações sobre a não rendição

Muitas explicações têm sido propostas para explicar esse desenvolvimento surpreendente; por exemplo:

a) Que a população civil foi "comprada" por alguns dos frutos da guerra. Um esmagador consenso popular continuou a apoiar o governo de Hitler, um sentimento generalizado de que os alemães não tinham outra alternativa senão continuar a luta.

b) O uso eficaz de terror para intimidar a população e do código militar de honra. O autor centra-se em algumas razões adicionais e provavelmente mais fundamentais.

c) A "regra carismática" de Hitler continuou a hipnotizar a população civil; uma estratégia de "ganhar tempo" para que as armas gerassem novo milagre e a divisão entre os aliados poderia desenvolver plena e surpreendentemente, a tentativa de assassinato de Hitler; isso desencadeou enorme apoio popular. Assim, em vista Kershaw.

d) A resposta encontra-se em muito mais do que a aplicação de terror, apesar de que certamente foi um fator. O autor procura resolver essas questões concentrando-se em três grupos-chave no Reich: comparsas maiores de Hitler, os pontos de vista dos oficiais militares e da população civil. Sempre que possível, ele permite que cada grupo fale por si mesmo através de documentos, de *brie-*

fings gravados e memórias. Ele também habilmente demonstra por que a frente ocidental era tão diferente do horror do Oriente.

e) Particularmente importante em manter as coisas foi Albert Speer, que aumentou a produção de equipamento militar em tempo de guerra e dirigiu reparos críticos de ferrovias e pontes.

f) Quando a frente oriental entrou em colapso, e o Exército Vermelho fluiu para a Prússia Oriental e foi brutal em suas ações, o nível da população civil do medo subiu para máximos surpreendentes, e levou a continuar a apoiar a guerra, mesmo que não poderia ser vencida. Kershaw também discute outro fator que sempre me pareceu muito importante:

g) O medo de punição por atrocidades durante a guerra se a Alemanha estava a perder a guerra. Assim, a liderança de topo sentiu que não tinha opção a não ser lutar, e nada a perder fazendo isso. Igualmente interessante é a discussão do autor sobre o que aconteceu após o suicídio de Hitler quando ele não podia ter capitulação de um bloco maior. Sob o almirante Dönitz, um governo provisório continuou a funcionar por várias semanas, até que o Ike perdeu a paciência e exigiu capitulação.

Há muito mais a considerar nesse livro de 400 páginas. A narrativa é apoiada por 41 fotos e 9 mapas excelentes. Como de costume, a pesquisa do autor é impecável, e mais de 100 páginas de anotações, uma lista de fontes de arquivo e uma lista de obras citadas estão incluídas. Mais importante ainda, Kershaw é tão experiente nesse período, que a cada página estabelece anéis com autoridade. Para os interessados neste tema, este é um recurso indispensável.

Nota: as observações feitas acima provêm de um artigo de Ronald H. Clark, professor da Universidade de Seatle (EUA), datado de 28 de setembro de 2011.

A obra:

1.º tomo: *Hitler, 1889-1936 – Hubris*, 845 págs. (Penguin Press, Londres-NY).
2.º tomo: *Hitler, 1936-1945 – Nemesis*, 1113 págs. (W.W. Norton, NY-Londres).

Churchill contra Hitler, o duelo

O historiador John Lukacs, um húngaro que se exilou na Inglaterra, um especialista na Segunda Guerra Mundial, atribuiu à inflexível oposição do então primeiro-ministro britânico Winston Churchill contra Hitler o fato de os valores morais ocidentais terem sobrevivido à hecatombe de 1939-1945. Entre os dias 10 de maio e 31 de julho de 1940, durante 80 dias, travou-se um verdadeiro duelo entre aquelas duas personalidades, fazendo com que a tenaz resistência de Churchill a qualquer tipo de acordo ou tratado com Hitler, terminasse por forçar o Führer nazista a cometer o grande erro da sua carreira, invadir a URSS para lá ser definitivamente derrotado.

Churchill resistiu a Hitler.

Simpatizantes de Hitler

O antinazismo na Grã-Bretanha dos anos 30 não contava com a unanimidade em meio a sua elite. Longe disso. Se bem que as motivações daqueles que simpatizavam com Hitler eram as mais diversas. Foi significativo o elevado número das personalidades das altas esferas de Londres, das finanças, do comércio, da política, e mesmo das artes, que devotaram apoio e simpatia ao que se passava na Alemanha dos anos trinta. Entre esses filonazistas encontrava-se tanto o brilhante economista Lord Keynes (que, em 1919, escrevera um verdadeiro libelo contra o Tratado de Versalhes que sufocara a Alemanha, intitulado *As Consequências Econômicas da paz*), como Lloyd George, ninguém menos do que o ex-primeiro-ministro que, durante a Primeira Guerra Mundial, mobilizara o Império Britânico para derrotar a Alemanha Imperial.

Lloyd George, nas suas memórias, chegou a mostrar-se sinceramente arrependido com o desenlace do conflito de 1914-18, entendendo que as consequências gerais da catástrofe militar e política alemã foram muito piores do que se tivesse havido algum tipo de acordo com o Kaiser, seguido de concessões ao II Reich alemão. O caos em que a Alemanha se afundara nos anos vinte deixou-o com a consciência culpada. Na entrevista que ele teve com Hitler, em setembro de 1936, atraído pelo magnetismo do líder nazista, deixou clara a sua admiração pelo novo regime, particularmente por ter suprimido com o desemprego e retomado a prosperidade econômica que a nação germânica tinha perdido com a guerra de 1914-8. Entendeu o Führer como a personalidade alemã mais formidável daquele época.

Até mesmo membros da família real britânica, como foi o caso do Duque de Windsor (Eduardo VIII, que foi forçado a abdicar em 1936) e de sua esposa, Wallis Simpson, que igualmente visitaram Hitler em 1937, deixaram-se seduzir pelo cenário de ordem e congregação patriótica que se formara em torno do nacional-socialismo e da sua liderança. O famoso casal manifestou publicamente o seu apoio à política alemã, entendendo-a como resultante de uma posição audaz, campeã do antibolchevismo e defensora dos valores ocidentais,* opinião essa que estava longe de ser isolada entre os integrantes da aristocracia britânica, que viam em Hitler uma saudável e eficaz barreira contra Stalin.

George Bernard Shaw, por sua vez, o mais celebrado teatrólogo britânico daquela época, um dedicado ativista do socialismo fabiano, viu a coisa ao seu modo. Para ele os cabeças nazi-fascistas eram revolucionários modernizadores que serviam para abalar ou quiçá varrer do mapa o poder das antigas oligarquias e das plutocracias europeias, as quais ele desprezava. Além disso, sendo ele de origem irlandesa, percebia a potencialidade de Mussolini e de Hitler virem a estremecer o odiado domínio que os ingleses exercem ainda sobre a Ilha Esmeralda, abrindo uma chance para que a República da Irlanda atingisse a sua integral autodeterminação. Com esses exemplos, percebe-se que a posição de Winston Churchill, que desde os começos manifestou-se hostil aos nazistas, estava longe de ser hegemônica nas altas esferas do poder da Grã-Bretanha.

A avaliação de Hitler

Hitler, por conseguinte, não estava completamente desfocado da realidade quando em seus cálculos levou em conta

---

* Quando a guerra eclodiu, o Duque e sua esposa, justamente por sua pública adesão ao nazismo, foram obrigados, saindo da Grã-Bretanha, a aceitar um exílio dourado nas ilhas Bahamas, assumindo a governadoria local entre 1940-44.

a possibilidade de o Império Britânico não lhe mover guerra. A atração que o regime nazista exercia sobre muitos dirigentes ingleses, supôs ele, provavelmente evitaria um envolvimento total deles contra a Alemanha.

A própria relutância da Grã-Bretanha em lançar-se numa ofensiva geral contra ele, mesmo depois das declarações formais de guerra, anunciadas em 3 de setembro de 1939, pareciam dar-lhe razão.

Significativo disso, desse estado de espírito pouco belicoso dos britânicos, foi uma reunião realizada pelo Conselho da Guerra de Churchill, na qual um brigadeiro da RAF mostrou-se pouco disposto a ir bombardear as indústrias do vale do Ruhr, visto que isso representaria "danos às propriedades privadas alemãs".

Por igual foi visível desse pouco empenho dos britânicos nos primeiros meses de guerra o fato de que a Força Expedicionária que desembarcara no solo francês não levava consigo nenhum plano de ação que fizesse referência a uma invasão ao território alemão, posicionando-se ao lado das divisões francesas claramente na defensiva.

Conforme os meses foram passando, Hitler sentiu-se frustrado porque a Grã-Bretanha não lhe enviava nenhum sinal de trégua ou acordo. Se não lhe movia guerra total, também não lhe oferecia qualquer alternativa, o que o levou a tomar a decisão de ordenar uma ofensiva geral contra as forças anglo-francesas em 10 de maio de 1940, derrotando a França e obrigando a Força Expedicionária britânica a bater uma humilhante retirada pelo porto belga de Dunquerque, ocasião em que Hitler foi condescendente com a evacuação de 385 mil britânicos, efetivada pelo Canal da Mancha entre 26 de maio e 3 de junho de 1940.

O voo de Rudolf Hess

Hitler ainda tentou o derradeiro gesto de conciliação com a Grã-Bretanha quando determinou que um dos seus principais assessores, Rudolf Hess, homem da sua inteira confiança, simulando uma espetacular fuga aérea da Alemanha para a ilha britânica, num voo realizado no dia 10 de maio de 1941, conseguisse negociar uma trégua com os ingleses.*

Hess saltou de para-quedas sobre a Escócia e, capturado, expressou o desejo de entrevistar-se com Lord Hamilton, opositor de Churchill, para, explorando-lhe o anticomunismo, negociar um cessar a luta no fronte ocidental para que as divisões alemãs pudessem destruir mais facilmente a URSS, país que Hitler, por meio da Operação Barbarossa, invadiria no mês seguinte, a partir de 22 de junho de 1941. Os nazistas desejavam liderar uma grande frente, engajando o Ocidente inteiro numa campanha final contra Moscou, a sede do comunismo internacional, e queriam seduzir o buldogue inglês nessa aventura ou pelo menos contar com a neutralidade dele.

A posição histórica da Grã-Bretanha

Ao longo da sua história, as ilhas britânicas sempre se viram ameaçadas por forças que partiam do continente europeu. Uma dessas ameaças concretas aos bretões deu-se com a invasão romana, vinda do litoral da Gália, começada por Júlio César, no ano de 55 a.C., e concretizada definitivamente no reinado do imperador Cláudio (41-54), quando o general

---

* Hess passou o resto da sua longa vida na cadeia. No Julgamento de Nuremberg, onde insistiu que seu ato foi voluntário e pessoal, foi condenado à pena perpétua, sentença que ele cumpriu na Fortaleza de Spandau, em Berlim, até que conseguiu pôr fim a sua vida, em 17 de agosto de 1987.

Aulus Plautius submeteu as tribos bretãs entre 43-47. O domínio romano sobre a parte centro-sul da ilha inglesa, limitada ao norte pelo Vallum Hadriani, a Muralha de Adriano, estendeu-se até o século V, ocasião em que, por determinação de Constantino III, as últimas legiões foram evacuadas de lá no ano de 407. Isso abriu caminho para a chegada dos saxões, vindos da Germânia, que se fundiram com os bretões, fazendo uma frente em comum contra as invasões nórdicas, promovidas pelos viquingues da Dinamarca e da Noruega.

Depois dos romanos, que lá ficaram por quase quatro séculos, a maior ocupação da ilha foi a promovida por Guilherme, o Conquistador, duque da Normandia, que bateu o rei saxão Haroldo na batalha de Hastings, em 1066.

A Guerra dos Cem Anos que os monarcas ingleses travaram na Idade Média com os reis franceses, entre 1346 e 1435, foram repletas de batalhas ocorridas no solo da França, não da ilha.

Os ingleses voltaram a ficar em guarda contra uma potência continental quando a Espanha de Filipe II (1556-1598), o campeão da Contrarreforma católica, tornou-se a mais perigosa ameaça a eles.

Rompida com o papado, Elizabeth I, filha de Henrique VIII, viu-se tendo que enfrentar uma invasão naval liderada pelo duque espanhol Medina Sidônia, almirante da fracassada Invencível Armada, destruída pelas intempéries e pela bravura dos marujos ingleses em 1588.

Quando, no final do século XVIII, Napoleão ascendeu no cenário europeu como o mais provável rival dos interesses britânicos, a Coroa britânica não cessou de estimular coligações antifrancesas (com a Áustria, com a Rússia e com a Prússia) para evitar que o poder de Bonaparte se tornasse hegemônico sobre a Europa continental, até que conseguiu por fim levá-lo à derrota em Waterloo, em 1815.

Afastado o perigo, a Grã-Bretanha tratou então de posicionar-se contra a crescente ascensão do II Reich alemão, formado por Bismarck em 1871. Em pouco tempo, Londres articulou uma frente diplomático-militar, a Tríplice Entente, formada pelo Reino Unido, pela República Francesa e pelo Império Russo, em 1907, para bloquear uma possível expansão germânica sobre suas áreas de interesse, o que conduziu o mundo à Primeira Guerra Mundial (1914-18).

Em todas essas ocasiões apontadas, a posição britânica foi sempre muito clara: Londres jamais toleraria aceitar a presença de uma só potência, fosse ela a Espanha Filipina, a França Napoleônica, ou a Alemanha Guilhermina. Não aceitava nenhuma que fosse hegemônica sobre o continente europeu. Com a Alemanha nazista não poderia ser diferente.

O seguimento desse histórico posicionamento é que fez com que Churchill, independentemente das abertas simpatias ideológicas que parte da elite britânica devotava aos nazistas, não aceitasse nenhuma negociação com o líder alemão, situação, aliás, que voltou a repetir-se, depois da vitória na Segunda Guerra Mundial, quando Stalin passou a ocupar e controlar metade da Europa continental.*

---

* Tal posicionamento dominante na política externa britânica já havia sido expresso um tanto antes da Primeira Guerra Mundial por um alto funcionário do Departamento de Inteligência do Gabinete de Guerra, o coronel William Robertson, que afirmou em documento: "Durante séculos, cerceamos [...] cada um dos países que aspiraram à supremacia no continente e, ao mesmo tempo, e em consequência disso, vivificamos nossa própria esfera de influência imperial [...] Hoje, cresce uma nova potência, cujo centro de gravidade é Berlim. Qualquer coisa [...] que nos ajude a enfrentar esse novo e formidável perigo seria de grande valor para nós." (ver Nial Fergunson, *O Horror da Guerra*, 2014, pág. 132.)

1940: a queda da França

No dia 21 de junho de 1940, os representantes do governo francês renderam-se aos generais alemães na Floresta de Compiège, o mesmo local onde 22 anos antes o II Reich assinara o armistício que pôs fim à Primeira Guerra Mundial. Foi talvez um dos momentos de maior humilhação nacional por que a França teve que passar em toda a sua história de bravura e cultura.

A rendição da França

Numa curtíssima campanha militar, que durou apenas 39 dias, o poderoso exército alemão, bem armado e bem equipado, conseguiu obter a capitulação da França. A invasão do país pelas divisões blindadas e pela infantaria alemã se dera no dia 13 de maio, encerrando-se com o cessar-fogo do dia 25 de junho de 1940. Hitler, entusiasmado pela vitória, que o surpreendeu pela rapidez com que ela se deu, fez questão de receber a rendição dos legatários franceses (chefiados pelo General Maxime Weygand) no mesmo vagão de trem em que os representantes alemães firmaram o armistício, em 11 de novembro de 1918, que pôs fim à Primeira Guerra Mundial. Era o doce prato da vingança que ele quis saborear à sombra da Floresta de Compiège.

Acertou-se na ocasião, após alguns dias de negociação, que somente uma parte da França seria ocupada pelas tropas alemãs (a região de Paris e todo o litoral Atlântico). O restante, a França interior ficaria ao encargo de uma administração autônoma, que depois iria revelar-se um governo colaboracionista chefiado pelo Marechal Pétain (um ex-herói da Primeira Guerra que agora, idoso, resolvera aceitar a derrota frente aos alemães). Além de aceitar uma série de condições bastante duras, a França rompia sua aliança com a Grã-Bretanha e repudiava qualquer tentativa de resistência. Essa situação de humilhação nacional durou até que, quatro anos depois, as forças aliadas ocidentais (americanos, ingleses e canadenses) desembarcaram nas praias da Normandia, em julho de 1944, pondo fim à ocupação alemã. Nesses anos, e nos anos seguintes do pós-guerra, a França teve que amargar o fato de que o chamado Governo de Vichy (Presidido pelo Marechal Petáin) foi o único governo da Europa ocupada que colaborou diretamente com o invasor nazista.

As origens militares da vitória alemã

Historicamente, a geopolítica alemã foi sempre condicionada pelo fato de a região situar-se numa área central da Europa extremamente vulnerável, possível de ser assaltada por qualquer dos lados. Na terrível Guerra dos 30 Anos (1618-1648), por exemplo, que quase dizimou a população (proporcionalmente morreram mais alemães naquela ocasião do que em 1914-18 ou em 1939-45), ela serviu de palco de um generalizado confronto entre exércitos estrangeiros, católicos e protestantes, que a invadiram em todos os sentidos. Entende-se, pois, a razão de os estrategistas que surgiram mais tarde darem ênfase à necessidade de os exércitos alemães tomarem a iniciativa do ataque. A preocupação com os assuntos militares entre os alemães chegou ao requinte de encararem a guerra como uma atividade que merecia um cuidado quase que filosófico. Claus von Clauzewitz, o grande pensador das coisas de guerra, diretor da Kriegsschule e autor do célebre tratado *Vom Kriege*, "Da Guerra", de 1833, tornou-se um dos maiores teóricos militares da idade contemporânea, servindo como paradigma para a maioria dos estados-maiores ocidentais.

A doutrina da aniquilação

Quando da fundação do II Reich alemão, o Império de Bismarck, consagrado no Salão dos Espelhos de Versalhes em 1871, depois da vitória na guerra franco-prussiana de 1870, o grande estrategista revelado pelas guerras recentes, era um aristocrata da velha escola prussiana chamado Bernhardt von Molke, morto em 1891, que inculcou nas gerações seguintes de oficiais alemães o dogma do ataque a todo custo. Entre seus discípulos, estava o seu sucessor na chefia do estado-maior imperial, Alfred von Schlieffen, morto em 1913, e criador da doutrina da *Vernichtugsgedanke*, a "ideia da aniquilação". Admirador do general cartaginês Aníbal, que venceu os romanos em Cannae, em 202 a.C., uma batalha considerada por todos os peritos como uma obra-prima da ação indireta, Von Schlieffen repudiava a guerra de atrito, com longos e demorados cercos, por vezes travada a partir de trincheiras. O mais adequado para a Alemanha, segundo ele, era a estratégia Guerra de Movimento, cujo sucesso estava na Surpresa Estratégica. Esta decorria da concentração de toda a energia do atacante sobre o *Schwerpunkte*, o ponto decisivo, o centro de gravidade, a parte mais débil do sistema defensivo do adversário. Feita a ruptura, o exército atacante, numa rápida operação de cerco, constrangia o inimigo a lutar numa *Kesselschlachten*, uma batalha de bolsão, onde ele terminava morto ou capturado. Portanto, nada de ataques frontais às defesas do adversário. O importante era achar um ponto fraco nas linhas inimigas e avançar com tudo sobre ele, cercá-lo e fazê-lo render-se no mais curto espaço de tempo possível.

O Plano Schlieffen

Alfred von Schlieffen deixou pronto no estado-maior alemão, antes de a Primeira Guerra Mundial começar, o Plano do Duplo Envolvimento, que levou seu nome: o Plano Schlieffen. Para vencer no Ocidente, os exércitos alemães deveriam obrigatoriamente invadir a Bélgica, numa ampla operação de envolvimento em que a parte mais poderosa concentrava-se na ala direita. Enquanto a ala esquerda marcava posições, a ala direita, veloz, desabava sobre as costas do adversário, levando-o a jogar a toalha no ringue.

O Plano Schlieffen fracassou em 1914 em grande parte porque os alemães não dispuseram do efetivo militar necessário para fazer, como ele determinara, com que "o último soldado alemão da ala direita roce com a manga direita do seu casaco nas águas do Canal da Mancha". A razão disso é que a integridade da operação só poderia sair-se a contento se a Alemanha travasse uma guerra somente num fronte. No entanto, como se viu a partir de 1914, ela teve que enfrentar uma guerra em três frentes (contra a França e a Inglaterra no oeste, contra o Império Russo a leste e contra os Reinos da Itália e da Sérvia no sul), o que a levou a travar uma guerra de posições e, finalmente, à derrota, em 1918.

A rápida capitulação da França em 1940 pode, portanto, ser vista como resultado de uma aplicação parcial, mas significativa, do Plano Schlieffen, alterado pelas circunstâncias que repentinamente se descortinaram frente aos atacantes.

Churchill, estarrecido com a rapidez e a determinação das divisões alemãs em ocupar aceleradamente a França, comentou sua perplexidade com o fato de um ex-cabo da Primeira Guerra Mundial conseguir em 40 dias tamanho sucesso, quando os mais talentosos generais do *kaiser* Guilherme II não o fizeram em quatro anos de guerra.

A Guerra Relâmpago

Derrotados e humilhados em 1918, os oficiais alemães aproveitaram o período da "trégua de vinte anos" (1919-

1939) para refazerem os seus projetos militares levando em consideração os ensinamentos da guerra recém-finda. O consenso entre eles é de que nunca mais a Alemanha deveria aceitar uma guerra de atrito, uma guerra de trincheiras, na qual a poderosa energia da infantaria alemã se gastava e se esvaía nos buracos e na lama. Impossibilitada de ter acesso às riquezas coloniais, porque a marinha inglesa sempre iria lhe barrar o caminho, a Alemanha, cronicamente carente de matérias-primas, caso entrasse num novo conflito mundial, teria que ser por uma guerra de outro tipo, uma guerra rápida, conclusiva, extremamente móvel: uma *Blitzkrieg*, a Guerra Relâmpago

Quem por primeiro traçou o seu esboço foi o chefe da Reichswher, o General Hans von Seeckt (entre 1920-1926), quem Liddel Hart, o grande historiador das estratégias, atribui ser o autor da revolução militar que irá transformar as armas alemãs no pós-Primeira Guerra Mundial. Nas suas memórias, von Seeckt vislumbrou: "Em breve toda a guerra do futuro aparece para mim como resultante do emprego de armas móveis, relativamente pequenas mas de alta qualidade, e que serão muito mais efetivas com o emprego da aviação e a mobilização de todas as forças, tanto para dar início ao ataque como para a defesa do país" (von Seeckt, Aus Meinem Leben, 1938).

O escopo da doutrina de von Seeckt era o abandono do exército pesadão, formado por massas humanas, e sua substituição por tropas profissionais, altamente treinadas e especializadas em determinados tipos de operação, capazes de atuar nos momentos decisivos.

O Panzer, a estrela da primeira fase da guerra.

Etapas da Blitzkrieg

O *Schwerpunkte*	As forças blindadas, as Divisões Panzer, independentes do restante do exército, dirigem-se ao local da concentração plena das forças, visando ao ponto fraco do inimigo. A partir dali, gozando de absoluta superioridade em homens e em armas, atacam o inimigo explorando o efeito surpresa.
A penetração	Feita a ruptura das linhas de defesa dos adversários, os Panzers dirigem-se rápida e profundamente para dentro do campo inimigo, evitando suas formações maiores, mas buscando as linhas finais da resistência. É mais importante o ataque em profundidade do que preocupar-se em guarnecer os flancos.
O objetivo	Tornar a vantagem tática obtida num estratégia, o que significa a aproximação indireta, cuja meta é destruir a capacidade de resistência do inimigo, não pela morte ou captura das suas tropas, mas para tornar inoperante o seu poder de comando. Paralisado pelo pânico, o coração e a cabeça atrofiam-se.

Fonte: M.Cooper, *The German Army*, pág., 145/6.

Atenção, aí vem o tanque!

A ideia de que carros de combate motorizados, blindados e velozes pudessem ser utilizados independentemente da infantaria era vista como uma heresia nos meios militares do pós-Primeira Guerra. Porém, uma série de oficiais audaciosos e inovadores começaram a insistir cada vez mais com essa possibilidade. Na Inglaterra coube ao capitão Liddell Hart formalizar a primeira teoria dos blindados. Não demorou para ser seguido pelo capitão Charles De Gaulle, então um jovem professor da Escola Militar francesa de Saint-Cyr, e pelo jovem comandante alemão, o tenente-coronel Heinz Guderian. O clima revolucionário que os nazistas criaram na Alemanha depois da ascensão de Hitler ao poder, em 1933, fez com que a concepção da aplicação de maciças unidades de blindados, atuando separadamente, mas articuladamente com o restante das forças militares, ganhasse cada vez mais adeptos. Além do mais, essa guerra móvel, mortífera como um raio, caía como uma luva nas pretensões expansionistas de Hitler. Depois de ter publicado, desde 1929, uma série de artigos em defesa das novas divisões blindadas, Guderian decidiu publicá-los num livro em 1936, com o título de *Achtung Panzer!*, "Atenção, aí Vêm os Tanques!".

O general Guderian, o criador das Divisões Blindadas alemãs.

A essência da Guerra Relâmpago

"A divisão blindada (Panzerdivision)", assegurou Guderian, "não demorará quando os primeiros objetivos forem alcançados; ao contrário, utilizando-se da rapidez e do uso do rádio na totalidade da ação, ele deve ser empregue ao máximo para destroçar completamente as linhas de comunicação do inimigo. Onda após onda, elas devem ser lançadas sem cessar, rolando sobre a frente inimiga cuidando para atacar tão longe quanto possível o território inimigo. A força aérea deverá atacar-lhe as reservas, para evitar sua intervenção" (Heinz Guderian – *Achtung Panzer!*, 1937). Era uma concepção de uma ofensiva como um fluxo ininterrupto, apoiado muito mais na qualidade mecânica dos veículos, na abundância de combustível, e no poder de fogo e de deslocamento do que na provável resistência do inimigo.

A determinação de Guderian e o apoio que o General Fritsh e Hitler lhe deram é que fez com que a Alemanha dispusesse no começo da guerra contra a Polônia, em 1939, o número de 3.195 tanques prontos para entrar em ação assim que determinassem. Grandes corpos de blindados atuando em formação, apoiados no céu pela aviação de caça e pelos bombardeios que iam removendo os obstáculos mais difíceis, seguidos na retaguarda pela infantaria motorizada, atuariam como um poderoso aríete moderno, capaz de romper, nos primeiros anos da guerra, com qualquer resistência que lhes oferecessem. A primeira vítima foi a Polônia, a segunda foi a França.

O ataque ao Ocidente

> "Atacar não significa apenas assaltar cidades muradas ou golpear um exército em ordem de batalha; deve também incluir o ato de assaltar o inimigo no seu equilíbrio mental."
> Sun Tzu – *Ping-fa* (a Arte da Guerra), séc. IV a.C.

Mapa da ofensiva geral alemã sobre o fronte ocidental (abril-maio de 1940).

Após terem vencido a Polônia numa curta e mortífera campanha de duas semanas, onde 44 divisões alemãs liquidaram com 22 das dos poloneses, levando-os à rendição em 30 de setembro de 1939 (Varsóvia foi o último bastião a render-se), Hitler estava pronto para executar o *Weselubung*, o Exercício Wesel, que implicava a ocupação da Dinamarca e da Noruega, caso os aliados ocidentais também o ameaçassem fazer. Depois do incidente envolvendo o navio alemão Altmark, em 8 de abril de 1940, 9 divisões alemãs marcharam para a Escandinávia. A Dinamarca capitulou num dia enquanto que na Noruega a luta se estendeu um pouco mais. O rei Haakon VII refugia-se na Inglaterra, e o pró-nazista Vidkun Quisling assume o governo da Noruega. Nesse espaço de tempo, no fronte ocidental ocorria *drôle de guerre*, um faz de conta, em que alemães de um lado e franceses e ingleses do outro só trocavam ofensas e piadas. Os alemães chamaram esse período, de menos de 10 meses, de *Sitzkrig*, a guerra sentada.

A posição acomodada, defensiva dos aliados ocidentais, lhes foi fatal. Muito atribuíram isso à construção da Linha Maginot, que deu uma falsa sensação de proteção à França e seus aliados britânicos. A dita linha, cuja construção iniciou-se no tempo em que André Maginot era o ministro da Guerra francês, entre 1929-1931, era um complexo de fortificações que se estendiam ao longo da fronteira franco-alemã por uns 760 quilômetros, e que absorveu no seu interior com boa parte dos exércitos franceses. Porém, além de o sistema não cobrir a fronteira com a Bélgica, a postura defensiva, implícita nesse tipo de construção, fazia com a iniciativa das operações militares fosse tomada pelos alemães. E eles não se fizeram de rogados.

O equilíbrio de forças no Ocidente (1940)

Forças Aliadas	Forças alemãs
130 divisões (88 francesas, 9 inglesas, 23 belgas e 10 holandesas)	135 divisões
Tanques: 3.600	Tanques: 2.574
Artilharia: 11.500 peças	Artilharia: 7.700 peças
Aviões: 2.600	Aviões: 2.500
Soldados: 3.740.000	Soldados: 2.760.000

Operação Amarelo

A *Fall Gelb*, a "Operação Amarelo", fora arquitetada por Hitler como um formidável ataque simultâneo a Holanda, Bélgica e França. A intenção era, além de eliminar a França, o principal adversário da Alemanha no Ocidente, empurrar as fronteiras até o Canal da Mancha e o Mar do Norte, a fim de poder proteger o vale do Ruhr alemão dos ataques aéreos Aliados. Além disso, deixaria a Grã-Bretanha a ficar na desagradável condição de total isolamento (Hitler nunca fizera até aquele momento nenhum plano de invasão da Inglaterra).

As 5h35 do dia 10 de maio de 1940, a formidável máquina de guerra alemã começou sua impressionante ofensiva. Leva após leva, 135 divisões, 2.574 tanques e 2.750 aviões, agrupados em 3 grandes Corpos de Exército, o A, o B e o C, subordinados respectivamente aos Generais Bock, Gerd von Rundstedt e Leeb, esmagaram tudo o que encontraram pelo frente. Na sua vanguarda, operações de surpresa foram feitas por tropas especiais de paraquedistas e equipes aerotransportadas (a Holanda foi imobilizada por uma incursão de mais de 15 mil deles).

No dia 15 de maio, a Holanda capitulou, enquanto logo em seguida o rei Leopoldo da Bélgica ordenou a rendição. A operação até então parecia uma aplicação mais ágil do Plano Schlieffen, de 1914, mas então ocorreu uma inesperada alteração. Aconselhado pelo General von Mainstein, Hitler concordou que o *Schwerpunkte*, o centro de gravidade do ataque à França fosse a região da Floresta das Ardenas, que muitos consideravam intrafegável para os tanques. Pois foi justamente onde o ataque alemão menos era esperado, ali é que ele se deu. No dia 13 de maio de 1940, começava o *Fall Rot*, a Operação Vermelha, uma variação da Operação Amarelo, para assaltar a França.

Operação Vermelho

Atravessando o rio Meuse, nas proximidades de Sedan (local onde o Império Francês rendera-se aos prussianos na guerra de 1870), o XIX Corpo Armado, os Panzer do General Guderian, quase não encontraram obstáculos sérios pelo caminho. Por ser uma área considerada desimportante, o General Gamelin, o generalíssimo francês, colocara na saída da Floresta de Ardenas uma força defensiva inexpressiva. Guderian relatou em suas memórias que a ofensiva alemã na França foi mais atrapalhada pelo afã em que muitas vezes se envolveram os *panzerman*, os tanquistas, e os soldados de infantaria, em ver quem chegava antes nos pontos estratégicos almejados. A vigorosa ofensiva partindo das Ardenas, cortando a França em duas, fez com que os exércitos anglo-franceses ficassem isolados na Bélgica. Não demorou para que 600 mil deles se rendessem aos alemães. Enquanto isso, uns 700 mil franceses, cercados pelas costas, permaneciam isolados nos abrigos, agora completamente inúteis, da Linha Maginot.

A debandada e a queda de Paris

A notícia de que os exércitos alemães avançavam em todos os sentidos provocou então a Grande Debacle. André Maurois, o escritor, foi testemunho do desastre. De todas as aldeias da Bélgica e do norte da França, uma imensa coluna humana começou a movimentar-se para o sul, para dentro do território francês, em busca de abrigo. Homens. mulheres, idosos, crianças e adolescentes com suas bicicletas, milhares de automóveis, carroças, carretas, carrinhos de mão, atulhados com os trastes da população em fuga, atravancaram as estradas da região. Os reforços que foram enviados para tentar barrar as linhas de penetração alemã tiveram que antes enfrentar aquele aluvião humano que não parava mais de derramar-se. Era uma paisagem bíblica. Um povo inteiro fugia perante o invasor. Ninguém parava para resistir, sequer esboçavam um gesto de defesa. A França caminhava com seus próprios pés para o colapso. No quartel-general francês, conscientes do desastre nacional, os oficiais se abraçaram e choraram.

No dia 14 de junho de 1940, um mês antes da celebração da data nacional francesa, o 14 de julho, a infantaria alemã, ao som marcial das bandas militares, desfilava pelos Campos Elísios, numa Paris semideserta, abandonada, sem luta ao invasor. Se bem que em Dunquerque, na Bélgica, mais de 100 mil soldados franceses tivessem conseguido escapar junto com 220 mil ingleses, embarcados para o outro lado do Canal da Mancha, na tão conhecida Retirada de

Dunquerque, ninguém na França naquela momento acreditava na possibilidade de continuar a resistência. O governo do Primeiro-Ministro Paul Reynaud, que havia se retirado para o interior, aceitou dar início às negociações de paz, e logo depois renunciou. Na Alemanha, quando finalmente se acertou o cessar-fogo para o dia 25 de junho de 1940, Hitler ordenou que todos os sinos do país repicassem durante uma semana para celebrar a "maior vitória em todos os tempos". No pós-guerra, Liddell Hart, comentando a campanha da França, observou que ela poderia ser descrita como "um dos mais acabados exemplos na história dos decisivos efeitos de uma ideia, aplicados por uma execução dinâmica" (in *The other side of the Hill*).

As razões da derrota francesa

Abraão Lincoln, num célebre discurso chamado "A casa dividida", alertou que nenhum país pode perdurar para sempre parecendo-se como um casa dividida. Pois a França de 1940 era uma casa dividida. Um perceptível sentimento de ódio de classes, de ódio ideológico, entre a direita e a esquerda francesa (entre os fascistas da *Croix de Feu* e a Frente Popular), envenenara o esforço de guerra que a França deveria ter feito nos anos 30, e não fez. A origem da desavença ideológica vinha dos finais do século 19, dos tempos do *affaire Dreyfuss* (quando um oficial de origem judaica, Alfred Dreyfuss, que servia no Estado-Maior francês, foi acusado e preso, em 1895, de ser espião do império alemão). O furor antissemita que o caso provocou cindiu a sociedade francesa em duas partes irreconciliáveis. A direita acusava a existência de um "complô judeu" antinacional, enquanto a esquerda e os democratas em geral apoiaram a inocência de Dreyfuss, que terminou reintegrado ao exército em 1906. A Primeira Guerra Mundial, que eclodiu em 1914, momentaneamente sepultou aqueles rancores, mas depois, com a crise de 1929, novamente o clima se azedou em toda a França. As greves sucessivas, as ocupações das fábricas, o *laissez-passer* dos comitês de greves, o ódio que a burguesia e a classe média tinham do proletariado, tudo isso contrastava com a coesão totalitária da Alemanha hitlerista dos anos 30.

A Frente Popular e a incúria do governo

Manchete celebrando a vitória da Frente Popular em 1936.

Em abril de 1936, uma frente das esquerdas (socialistas e comunistas) venceu as eleições francesas. O *Front Populai-*

re (sem a participação dos comunistas no governo), porém, estava marcado pelo pacifismo do seu líder, Leon Blum, um intelectual judeu que rejeitava participar da 3.ª Internacional Comunista e que era um fervoroso adepto da causa da paz. Se foram significativas as alterações que ocorreram na sociedade francesa para a melhoria da vida dos trabalhadores (avanços salariais, férias pagas e jornada de 40 horas de trabalho, convenções coletivas homologadas), houve uma total incúria da parte de Leo Blum e dos seus sucessores no tangente à preparação para uma provável confrontação militar no futuro. Afinal, Hitler já estava no governo desde 1933 e nunca escondera que sua política era restaurar a plenitude do poder alemão, perdido na guerra de 1914-18. Apesar da curta duração do governo da Frente Popular (1936-7) e da sua negativa em auxiliar militarmente o lado republicano da Guerra Civil espanhola, onde o exército do General Franco e os falangistas (os fascistas espanhóis) rebelaram-se com sucesso, em 18 de julho de 1936, contra o governo da Frente Popular espanhola, a direita francesa não se envergonhou de difundir o *slogan* "melhor Hitler do que Stalin".

Quando a guerra começou, em 1939, a França estava, pois, inerte. A sua estratégia era defensiva, era esconder-se atrás da Linha Maginot, enquanto que na retaguarda as rivalidades entre esquerdistas e direitistas, sindicatos de trabalhadores e organizações patronais minavam quaisquer possibilidades de o país agir coeso frente ao terrível perigo que corria. Assim, entre a cegueira e a irresponsabilidade, o país colocou seu próprio pescoço para que a lâmina da guilhotina nazista o decepasse.

Pétain e o ministro Laval, símbolos do colaboracionismo de Vichy.

Quadro geral das operações que antecederam a queda da França

Ofensiva alemã 1939-40	*Forças envolvidas*	*Resultado*
Campanha da Polônia: 1.º a 15/09/1939	Ataque de 44 divisões alemãs contra 22 divisões polonesas. Em seguida, ao leste, ataque soviético sobre a Polônia oriental.	Fuga do governo polonês para a Inglaterra. Polônia partilhada entre nazistas e soviéticos (pacto Hitler-Stalin de agosto de 1939).
Exercício Wesel: ataque à Dinamarca e à Noruega, em 8 de abril de 1940	Nove divisões enfrentam noruegueses e uma força expedicionária anglo-francesa em Narvik.	Ocupação da Dinamarca. O rei Haakon VII foge da Noruega e refugia-se na Inglaterra. Governo colaboracionista de Vidjun Quisling, um nazista norueguês.

(Continua)

(Continuação)

Ofensiva alemã 1939-40	Forças envolvidas	Resultado
Operação Amarelo: ocupação da Holanda e da Bélgica, a partir de 10 de maio de 1940	Um total de 135 divisões alemãs enfrentam 95 francesas, 10 inglesas, e mais algumas holandesas e belgas.	Holanda capitula em 15 de maio de 1940. Rei Leopoldo, da Bélgica, capitula. Mais de 330 mil soldados anglo-franceses retiram-se de Dunquerque.
Operação vermelho: ataque à França a partir das Ardenas, no dia 13 de maio de 1940	Três Corpos de Exército (A, B e C) envolvem os aliados ocidentais. Linha Maginot tornada inoperante.	Debacle francês. Rendição na Floresta de Compiège. Formação do Governo colaboracionista de Vichy, presidido pelo Marechal Pétain, em junho de 1940.

Operação Barbarossa: o ataque à URSS

Cartaz nazista celebrando a vitória.

No dia 22 de junho de 1941, quando quase se completavam dois anos de guerra na Europa ocidental, o mundo foi surpreendido pela notícia de que naquela madrugada iniciara-se o ataque geral das forças armadas alemãs contra as fronteiras da União Soviética, até então neutra no conflito. Ao som ensurdecedor de mais de seis mil bocas de canhões alemães, os soviéticos se viram de inopino em meio ao inferno de uma guerra total. Naquele dia fatídico, Adolf Hitler ordenara a invasão e a destruição do domínio bolchevique sobre a Rússia.

A maior batalha de todos os tempos

As rádios alemãs entraram em cadeia um pouco antes das 7 horas da manhã para um comunicado especial. Numa voz emocionada e tensa, Joseph Goebbels, o ministro da Propaganda do Reich, leu o comunicado do *Führer* Adolf Hitler à nação: "Povo alemão! Neste momento está em andamento uma marcha; ela pode ser comparada na sua extensão com a maior que o mundo já viu. Eu decidi novamente colocar o destino do futuro do Reich e do nosso povo nas mãos dos nossos soldados. Possa Deus ajudar-nos, especialmente nesta luta."

Não havia nenhum exagero nessas palavras. Com a invasão da URSS teria início a mais colossal batalha dos tempos modernos, quiçá a maior de todas elas, aquela que envolveu a Alemanha nazista e a Rússia comunista. Tudo nela foi eloquente, não só pelas paixões ideológicas envolvidas, como pela quantidade exorbitante de vidas, de recursos e equipamentos que ela exigiu de ambas as partes. Para Hitler tratava-se de uma cruzada para livrar para sempre o ocidente da ameaça judaico-comunista; para os soviéticos tratava-se da sua sobrevivência, da própria causa de existir do povo russo.

Conquistando uma cidade russa.

A Operação Barbarossa

O nome-código escolhido por Hitler para designar a grande operação de ataque não era casual. A palavra *Barbarossa* remetia à figura de Frederico Hohentaufen, o grande imperador alemão da Idade Média, o Frederico I do Sacro Império Romano-Germano, morto em 1152. Nome lendário e respeitado entre os cavaleiros cruzados, alguém que empenhara seus recursos em favor da causa da cristandade contra os infiéis. De certo modo, Hitler via-se como a encarnação de Frederico Barbarossa (o *Barba Vermelha*, como os italianos o chamaram), liderando um enorme operação militar para esmagar a heresia comunista que se encastelara mais ao oriente, no Kremlin de Moscou.

O General Halder, chefe da OKH (o alto comando militar alemão), o executor da operação, dividiu-a em três grandes objetivos: o grupo dos exércitos norte, sob o comando do marechal de campo Ritter Von Leeb, tinha como meta rumar em direção a Leningrado, fazendo lá junção com as tropas finlandesas, que viriam de mais ao norte, esmagando a resistência da grande cidade e atuando sobre ela como se fosse um imenso alicate; o grupo dos exércitos do centro, sob o comando do marechal de campo Fedor von Bock, tinha ao seu encargo realizar uma poderosa ofensiva direto ao centro da Rússia, rumando o mais rápido possível para Moscou; por fim, o grupo de exércitos do sul, no comando do marechal de campo Gerd von Rundstedt, marcharia para as ricas terras da Ucrânia, tendo como meta alcançar Kiev.

Map 1 OPERATION BARBAROSSA, JUNE – DECEMBER 1941

A extensão do fronte

Era uma linha de guerra que partia das águas geladas de Arcangel, no Mar de Berens, estendendo-se até as águas tépidas do Mar Negro, bem ao sul, numa extensão de mais de 3 mil quilômetros. O maior fronte do mundo. Na vanguarda dos três grandes corpos de exército, compostos por 3 milhões de soldados, estavam quatro *Panzergruppen*, com 3.300 tanques e demais tropas motorizadas, que perfaziam 7.500 veículos diversos, no comando dos coronéis-generais Hoepner, Hoth, Guderian e Kleist. Observa-se nessa composição de marechais aristocratas, cuja linhagem lembrava os antigos cavaleiros teutônicos, liderando um exército mecanizado e uma moderna aviação de combate, a dialética tipicamente alemã do chamado "modernismo reacionário", onde a tecnologia se punha a serviço de uma causa retrógrada.

Cartaz da Waffen SS.

Os três objetivos

Leningrado, Moscou e Kiev eram as cidades a serem conquistadas, tanto pelo seu valor simbólico como por sua importância estratégica. A tomada da grande capital do norte, construída por Pedro, o Grande, em 1703, impediria a URSS de ter qualquer acesso ao Mar Báltico, tornando a sua esquadra inútil. Conquistar Moscou significava provocar um enorme impacto moral sobre a população russa, pois a capital soviética era considerada não só o núcleo do poder e da economia da Rússia como também o seu centro espiritual e religioso. Tomar de assalto Kiev, a capital da Ucrânia, por fim, permitiria açambarcar a riqueza cerealística da União Soviética e as suas imensas estepes de fértil terra preta, onde um punhado de sementes jogadas nela fazia crescer maravilhas. Bem-sucedida, a Operação Barbarossa, num primeiro momento, cortaria a URSS ao meio, separando o centro-norte, urbanizado e industrializado, do sul, rico em alimentos e matérias-primas. Hitler, porém, determinou que não queria batalhas dentro das

Os comandantes da invasão: von Leeb, von Bock e von Rundstedt.

cidades. As forças soviéticas deveriam ser destruídas nos campos, para que assim as cidades russas, uma a uma, caíssem no controle da *Wehrmacht* (o exército alemão) como um fruta madura se desprende de um árvore levemente sacudida.

Os grupos de exército e suas metas

Grupos de exército	*Divisões*	*Objetivo*
Norte (Mal. von Leeb)	21 divisões e 1 grupo Panzer (Gen. Hoepner)	Leningrado, junção com forças finlandesas
Centro (Mal. Von Bock)	32 divisões e 2 grupos Panzer (Gens. Hoth e Guderian)	Moscou
Sul (Mal. Von Rundstedt)	60 divisões, 1 grupo Panzer e os corpos húngaros, romenos e italianos	Kiev e a Ucrânia, rumando depois para o Cáucaso

Quanto ao volume do material bélico, ele se compunha de 3.580 tanques e carros de combate, 7.184 canhões e 5.000 (1.830 na primeira fase) aviões, além de 600 mil veículos de todos os tipos e de 750 mil cavalos (Fonte: *Paul Carell – Unternehmen Barbarossa*).

Origens do plano

Foi com muita surpresa e até com apreensão que alguns generais alemães próximos a Hitler escutaram-no dizer, em plena campanha contra a Grã-Bretanha, então submetida a severos bombardeios aéreos e a intensa campanha submarina, que se preparassem para invadir a União Soviética. Tudo aquilo que fizeram até ali, isto é, a ocupação da maioria dos países da Europa atlântica, assegurou-lhes o Führer, era uma manobra de despistamento. A verdadeira guerra ainda estava para ser travada. E ela se daria no leste da Europa. Os planos para o assalto à URSS já haviam sido encaminhados por ele um ano antes, em 21 de julho de 1940, logo após a queda da França, quando encarregou o marechal de campo Walther von Brauchitsch, então o seu supremo comandante das forças terrestres, a proceder aos primeiros estudos. Por volta de dezembro de 1940, um esboço geral dele já estava pronto, com o codinome Barbarossa. A invasão deveria ser perpetrada na primavera de 1941, mesmo com a continuidade da guerra contra a Grã-Bretanha. Esse risco Hitler pretendia superar com o tempo, pois imaginou que as forças conservadoras na Inglaterra e os sentimentos anticomunistas espalhados pelo mundo fariam pressão para que suspendessem a guerra contra ele, visto que a Alemanha nazista atacava a morada da "serpente internacional" – a URSS. Era um lance de jogador de pôquer. Com a carta da invasão da URSS na mão, ele esperava que os demais envolvidos na guerra se retirassem da mesa.

Walther von Brauchitsch.

Hitler e a URSS

Se o plano para invasão da URSS fora urdido desde julho de 1940, a intenção de realizar a conquista militar do país dos sovietes remonta a tempos bem anteriores. Quando Hitler, então encarcerado como agitador direitista na prisão de Landsberg, na Baviera, ditou o *Mein Kampf* ("Minha Luta"), a sua obra, publicada em 1925, ele dedicou um capítulo especial do livro à política externa a ser seguida pelo movimento nacional-socialista. Nele ele retoma as antigas ambições alemãs, insufladas pela geopolítica racista, que dizia haver necessidade da ampliação do *Lebensraum*, o espaço vital, para que o povo germano pudesse sobreviver no futuro. Argumentava ele que não havia uma harmonia entre o elevado número de alemães e a modesta dimensão do solo que lhes cabia na Europa. Como não reconhecia o direito histórico de nenhum povo ao território que ocupava que não fosse consagrado pela força, Hitler não via embaraço nenhum em ir algum dia tomar de assalto as terras do leste, as estepes russas, então nas mãos do judaico-comunismo. Além disso, insistiu que nenhuma nação é potência sem ter vastas extensões de terras sob seu domínio: o Império Britânico, os Estados Unidos, a União Soviética e a China eram exemplos disso. Para ele, desde que se dera a Revolução de 1917, o grande império eslavo era uma instituição decadente. A revolução bolchevique, ao exterminar com a classe dirigente ("o elemento germânico organizador do estado russo", segundo ele), entregara a administração do país aos desprezíveis judeus e à escória russa. A isso, somava-se o profundo desdém racista que ele tinha pelos eslavos, considerando-os *untermensh*, gente racialmente inferior, uma espécie de brancos degenerados, poluídos pelos sangue asiático, incapazes de qualquer evolução. Esses preconceitos todos o cegaram perante os perigos de invadir um território da dimensão da URSS, cuja parte ocidental era duas vezes maior do que toda a Europa. Nada disso alterou sua decisão. Como ele disse convicto aos seus generais: "Basta nós chutarmos a porta que a casa toda ruirá".

Outros fatores

Além dessas observações preconceituosas em relação aos eslavos, comuns à maioria dos racistas europeus, um conjunto outro de fatores pesou na sua decisão de ele ir atacar o leste. Além do profundo ódio ao comunismo, fruto do temor que a Revolução de 1917 causara na maioria dos europeus daquela época, ele levou em conta ainda dois outros elementos. Em 1937-8, na época dos Grandes Expurgos, Stalin simplesmente liquidara com a elite militar soviética, de quem suspeitara de tentar afastá-lo do poder. Deteve e executou por traição o marechal Mikhail Tukachevski, bem como um número indeterminado de altos oficiais (alguns estima em 33 a 40 mil encarcerados, sendo que inúmeros deles foram fuzilados). O Exército Vermelho praticamente teria ficado acéfalo nas vésperas da Segunda Guerra Mundial por determinação do seu próprio comandante supremo. O segundo fator foi o fracasso do assalto das tropas soviéticas contra as fronteiras da pequena Finlândia, realizado no inverno de 1939/40, que se revelou um verdadeiro desastre. A conclusão de Hitler não poderia ser outra: um regime odiado, sem comandantes militares qualificados e com tropas desaparelhadas e destreinadas, a campanha da Rússia seria um pouco mais do que uma parada militar para o exército alemão. Quem lê o capítulo dedicado à questão russa no *Minha Luta* facilmente descarta a tese da *Präventivkrieg*, a guerra preventiva que, segundo seus defensores (entre eles Paul Carell, pseudônimo de Paul Karl Schmidt, um coronel SS, ex-porta-voz do Ministério das Relações Exteriores do III Reich), Hitler obrigatoriamente teve que se lançar em vista da possibilidade de um ataque soviético que se daria a qualquer hora.

O expurgo do Exército Vermelho*

Número dos expurgados	Postos militares
3 dos 5	Marechais
14 dos 16	Comandantes de exército de I e II classe
8 dos 8	Almirantes
60 dos 67	Comandantes de corpos de exército
136 dos 199	Comandantes de divisão
221 dos 397	Comandantes de brigada
11 dos 11	Vice-comissários de defesa
75 dos 80	Membros do Soviete Militar
528 dos 783	Altos oficiais e funcionários do setor militar
De 33 a 40 mil oficiais	Foram detidos ou fuzilados (o equivalente a 1/5 da oficialidade)

É provável que a dimensão desse violento expurgo se devesse a um acerto de contas de Stalin com Trotski, visto que foi o seu rival quem forjou o Exército Vermelho durante a guerra civil de 1918-20. O objetivo final seria a stalinização total da organização militar, que até então ficara fora dos expurgos, que abateram o partido e a polícia secreta ao longo dos anos trinta.
Fonte: Robert Conquest, *O Grande Terror*, p. 478-9.

Ao expurgar o exército, Stalin atacou a si próprio.

Invadir a Rússia, um problema histórico

Carl von Clausewitz, um dos mais reputados teóricos da estratégia militar dos tempos modernos, oficial prussiano que participou com os russos das campanhas contra Napoleão em 1805 e novamente em 1812, escreveu no seu clássico estudo *Vom Kriege* ("Da Guerra", 1833) que a Rússia era militarmente inconquistável. Foi de certa forma isso que fez com que Otto von Bismarck, o chanceler que unificou a Alemanha em 1871, sempre visse o imenso império czarista como um possível aliado e não como um inimigo, como Hitler o fez. Eram as dimensões territoriais daquele colosso, os vastos recursos humanos e materiais que dele poderiam extrair, é que inviabilizavam qualquer ocupação definitiva da Rússia. Carlos XII, o rei da Suécia, durante a chamada

Guerra do Norte, tentara dominar a Rússia ocidental no início do século XVIII, sendo derrotado por Pedro, o Grande, em Poltava, em 1709. Um século depois foi a vez do gênio de Napoleão Bonaparte afundar na neve russa, perdendo quase todo o *Grand Armée*, o grande exército, durante a retirada de 1812. No século XX seria a vez de Adolf Hitler desbaratar 75% da imensa força militar alemã nas estepes russas.

Uma nação surpreendida

A ofensiva alemã sobre o solo russo pegou de surpresa não só o povo soviético como o seu ditador, Joseph Stalin. Todas as evidências de uma vasta concentração de tropas alemãs e seus aliados nas fronteiras da URSS haviam sido desconsideradas por ele. Nenhum dos avisos que chegaram ao seu conhecimento pelo serviço de espionagem (o agente Victor Sorge informara do Japão a data exata em que se daria a invasão) ou pelas mensagens enviadas pelos ingleses, que também o alertaram, convenceram-no da iminência do ataque de Hitler. Stalin aferrou-se ao Pacto de não agressão germano-soviético de agosto de 1939, também conhecido como Acordo Ribentrop-Molotov, pelo qual ambos os ditadores partilharam a Polônia entre si, como acertaram um intercâmbio de produtos entre ambas as potências. A Alemanha se comprometera a fornecer máquinas e equipamentos para a URSS em troca de petróleo, ferro e cereais. E eis que, de repente, Hitler virou a mesa justo quando Stalin confiava nele. O ditador soviético até então entendia as notícias de um ataque hitlerista para breve como resultado das "ações de provocação" espalhadas pelos agentes ingleses para envolver a URSS numa guerra contra a Alemanha nazista. A tal ponto levou essa crença que quando as primeiras notícias da invasão chegaram ao seu conhecimento no Kremlin, ele ordenou que a artilharia não respondesse ao fogo e que os aviões russos não tentassem sobrevoar território alemão. Quando ele se deu conta da realidade, teve um colapso psicológico.

Stalin reage

Enquanto os alemães e seus aliados avançavam em toda a linha, levando as defensivas soviéticas de roldão, Stalin trancou-se num quarto do Kremlin. Durante onze dias ele negou-se a receber fosse quem fosse. Enquanto isso, a nação, perplexa, estava entregue a si mesma. Os exércitos invasores, aplicando à solta os princípios da *Blitzkrig*, a guerra relâmpago, cercavam e punham à rendição milhares de soldados russos, levando a crer que a União Soviética teria o mesmo destino dos outros países que caíram logo no controle dos nazistas. Foi nesse momento dramático, quando não cessavam de chegar notícias ruins do fronte, que Stalin recuperou-se. A sua alocução galvanizou um país estonteado:

J. Stalin.

"Alocução de Stalin: 3 de julho de 1941

Esta guerra nos foi imposta, achando-se o nosso país empenhado agora numa luta de vida ou morte contra o mais pérfido e maligno dos seus inimigos, o fascismo alemão. Nossas tropas se batem heroicamente em situação desvantajosa, contra um adversário fortemente armado de tanques e aviões... O grosso das tropas soviéticas, equipado com milhares de tanques e aviões, somente agora começa a participar dos combates. Unido ao Exército Vermelho, todo o nosso povo se levanta para defender a Pátria.

O inimigo é cruel e impiedoso. Quer a nossa terra, o nosso trigo e o nosso petróleo. Visa à restauração do poder do latifúndio, ao restabelecimento do Czarismo e à destruição da cultura nacional dos povos da União Soviética, quer fazer-nos escravos de príncipes e barões germânicos.

Nas nossas fileiras não haverá lugar para os fracos e os covardes, para os desertores e causadores de pânico. Nosso povo será destemido na luta e combaterá com abnegação na guerra patriótica de libertação contra os escravizados fascistas.

É preciso que coloquemos imediatamente a nossa produção em pé de guerra e que ponhamos tudo ao serviço da frente e da preparação da derrota do inimigo. O Exército Vermelho, a Marinha e todo o povo soviético defenderão, polegada a polegada, o solo da nossa Pátria. Lutaremos até a última gota de sangue em cada cidade e em cada aldeia já... Organizaremos todo tipo de ajuda ao Exército Vermelho, faremos com que as suas fileiras sejam constantemente renovadas, dar-lhe-emos tudo quanto precisar. Haveremos de conseguir o transporte rápido das tropas, do equipamento e o pronto auxílio aos feridos.

Todas as empresas devem intensificar o seu trabalho e produzir cada vez mais equipamentos, de quantos tipos....... Iniciaremos uma luta sem quartel contra desertores e causadores de pânico. Destruiremos espiões, diversionistas e paraquedistas inimigos...

Sempre que unidades do Exército Vermelho sejam obrigadas a recuar, todo o material rodante ferroviário há de ser também retirado. Ao inimigo não se deixará uma única máquina, uma libra de pão ou uma latinha de óleo. Os colcosianos sairão com todos os seus animais, entregarão ao estado suas reservas de cereais para o envio à retaguarda... Tudo o que não puder ser carregado será destruído, seja cereal ou ferro, combustível ou metais não ferrosos ou qualquer outra propriedade de valor.

Nos territórios ocupados se hão de formar unidades de guerrilheiros... Haverá grupos diversionistas para combater as unidades inimigas, para difundir por toda parte a luta de guerrilhas, para dinamitar e destruir as estradas e as pontes, os fios de telégrafo e os dos telefones; para incendiar as florestas, os depósitos do inimigo, os seus comboios na estrada. Nas regiões ocupadas, condições insuportáveis se hão de criar para o inimigo e seus cúmplices, que serão perseguidos e caçados a cada passo.

(...) Um Comitê de Defesa acaba de ser formado para cuidar da rápida mobilização dos recursos do país; todo o poder e a autoridade do Estado estão nele investidos. Esse Comitê já começou a trabalhar e convocou todo o povo a unir-se em torno do partido de Lenin e Stalin e do Governo para o apoio decidido e abnegado ao Exército Vermelho e à Marinha para a derrota do inimigo, pela nossa vitória...

O imenso poder popular será empregado para esmagar o inimigo. Avante! À vitória!"

As razões do fracasso soviético inicial

Durante muito tempo, enquanto Stalin viveu, os soviéticos não procuraram esmiuçar os motivos do fracasso inicial em deter a máquina de guerra alemã. Somente depois do XX Congresso do Partido Comunista, realizado em 1956, é que começaram a procurar os detalhes daquela calamidade. Alexander Werth arrolou algumas delas:

– O expurgo do Exército Vermelho às vésperas da guerra; a propaganda exagerada sobre a invencibilidade das forças soviéticas; a falta de profissionalismo da oficialidade soviética frente aos profissionais alemães; o baixo grau do treinamento das tropas; o fracasso da indústria bélica em poder equipar as tropas com material moderno; a subestimação da eficácia da guerra relâmpago levada a efeito pelos alemães, desprezando-a como uma "teoria burguesa" de fazer a guerra, não havendo estudos de como poder romper com o cerco feito pelos blindados; e, por último, a obediência ao dogma do "culto à personalidade" isto é, a Stalin, e os traumas psicológicos provocados pelo Grande Terror, que impediram os comandantes militares soviéticos de tomarem as iniciativas corretas no campo de batalha quando se viam atacados. (A. Werth, *A Rússia na Guerra*, vol. I, p. 159-160; e também as argutas observações de Constantin Simonov, *Os Vivos e os Mortos*.)

> "Não morreremos de velhos; morreremos das velhas feridas."
> Semion Gudzenko (1922-1953)

A guerra germano-soviética ocupou um capítulo à parte na história da Segunda Guerra Mundial, principalmente pela ferocidade com que foi travada e pelo grau inaudito de destruição que provocou. Conforme o conflito foi se estendendo por boa parte da Rússia ocidental e se prolongando por quatro anos, terminou por ganhar dimensões épicas. Stalin tentou inicialmente dar um cunho ideológico ao ataque nazista, querendo entender que se tratava primordialmente de um enfrentamento entre o comunismo e o fascismo europeu. Hitler talvez pensasse o mesmo no começo. Mas o ódio que a ocupação da Rússia despertou entre os seus habitantes e as crescentes atrocidades dos invasores, fizeram com que ela descambasse para uma guerra étnico-racial. Logo os comunistas trataram de defini-la como a Grande Guerra Patriótica, procurando com isso atribuir-lhe um cunho nacional-patriótico, chamando para as suas fileiras os nacionalistas e os anticomunistas que ainda sobreviviam no país, para formarem uma poderosa frente de resistência. Não se tratava mais de comunistas contra fascistas, mas do povo russo inteiro contra o que o escritor Ilya Ehremburg chamou de a "praga de gafanhotos", os alemães. E de fato, foi em solo russo que a Alemanha perdeu mais de 70% dos seus efetivos (ao redor de 3 milhões de baixas).

A vitória soviética

Depois de terem sido detidos em Leningrado (cercada durante 900 dias) e na frente de Moscou, em dezembro de 1941, duas outras batalhas colossais colocaram fim nas possibilidades de vitória nazista. A primeira delas foi travada na cidade de Stalingrado, à beira do rio Volga, que culminou na rendição do 6.º Exército alemão, comandado pelo marechal Paulus, no dia 1.º de fevereiro de 1943, que provocou uma perda de 300 mil homens. A segunda foi a batalha de Kursk, ocorrida no sul da União Soviética e que veio a ser a maior batalha de blindados de todos os tempos, quebrando para sempre com a capacidade ofensiva do exército alemão. Dali em diante, o Exército Vermelho, ao preço exorbitante de 5 milhões de baixas, tomou a contraofensiva em toda a extensão do fronte, até que, finalmente, os marechais soviéticos Zuhkov e Konev entraram numa Berlim completamente destruída em abril de 1945, obrigando a Alemanha nazista à rendição final no dia 8 de maio daquele ano mesmo.

Bandeira soviética erguida sobre o Reichtag, em Berlim (2 de maio de 1945).

A utopia de Hitler:
o império ariano europeu

Se confirmada a vitória nazista na Segunda Guerra Mundial, qual seria o panorama político da Europa controlada por Hitler e pelos seus seguidores? O ditador expressou seus desejos numa série de encontros com seus conhecidos mais próximos intitulados como *Conversas de Mesa*, ocorridos entre 1941-42, que podem ser considerados como a exposição da utopia nacional-socialista de domínio do Velho Continente.

Cartaz celebrando o domínio nazista sobre a Europa (1942).

O apogeu do domínio nazista

Na transição do ano de 1941 para o seguinte, a Alemanha nazista estava no seu apogeu. As forças bélicas alemãs, que haviam invadido a URSS em 22 de junho daquele ano, enquanto mantinham Leningrado sob sítio, estavam a um passo de tomar Moscou.

O restante dos países europeus ou eram aliados de Hitler (casos de Itália, Romênia, Bulgária, Hungria e Finlândia), ou estavam ocupados por suas divisões (casos de Tchecoslováquia, Polônia, Noruega, Dinamarca, Holanda, Bélgica, França, Iugoslávia e Grécia), cabendo à URSS estar naqueles meses terríveis numa situação dramática, visto ter perdido o controle da maior parte do seu território ocidental (Bielorrússia, Ucrânia, Moldávia). Milhões de prisioneiros soviéticos, reduzidos à fome e ao desamparo, estavam nas mãos dos agressores alemães, enquanto a sua capital, Moscou, via-se ameaçada pela Operação Typhoon.

As divisões da Wehrmacht, mobilizadas desde 1.º de setembro de 1939, estavam espalhadas desde os pontos extremos do norte da Noruega até, em linha diagonal, as proximidades da Crimeia, no Mar Negro, cobrindo um território de cinco milhões de quilômetros quadrados.

Ainda que a ofensiva alemã frente a Moscou fosse detida em dezembro e a Alemanha tivesse declarado guerra aos Estados Unidos naquele mesmo mês de 1941, Hitler imaginava um destino radiante para o seu futuro império. O sonho da conquista do *Lebensraum*, do espaço vital para o povo alemão, estava ao seu alcance.

O espaço vital

A ideia de que havia uma injustiça histórica para com os alemães ganhou forças a partir da unificação e da formação da II Reich (1871-1918). E ela se materializava no fato de a nação germânica ser destituída de território correspondente à sua grandeza. Ao contrário dos anglo-saxões e dos russos, proprietários de imensas extensões marítimas ou continentais, ela estava confinada no meio da Europa a pouco mais de 300 mil km², sem condições de poderem ampliar as suas terras.

Daí que os primeiros defensores do *Lebensraum*, inspirados nas teses do geógrafo Friederich Ratzel, pleitearam naquele momento a posse de colônias na África, para assim poder escoar o seu excedente populacional (o que impulsionou, a partir de 1884, a conquista da Namíbia, da África Oriental alemã e do Togo).

Para Hitler, todavia, o espaço vital necessário aos alemães não estava no continente africano, como era o desejo dos colonialistas do século XIX, e sim dentro da Europa mesmo, posição essa que fatalmente levaria, mais cedo ou mais tarde, a uma nova e generalizada guerra de conquista.

Essa posição foi enormemente influenciada por um livro que causou estrondoso sucesso editorial quando da sua aparição em 1926, intitulado *Volk ohne Raum*, do escritor Hans Grimm, que, além de ser próximo a Rudolf Hess, secretário particular Hitler, mais tarde tornou-se ideólogo do expansionismo nazista.

Nessa obra, Grimm narra como se fosse uma epopeia a conquista alemã da África Oriental por um jovem conterrâneo, Cornelius Friebott, originário da Baixa-Saxônia, aventureiro que emigra em busca de terras para melhor viver, arrematando que "nenhum outro povo do mundo foi tão pouco privilegiado em termos de espaço para viver".

Em vista dessa clamorosa injustiça, tinha todo o direito a declarar uma guerra germânica em favor de novas áreas, devido a sua elevada densidade demográfica e a sua capacidade produtiva superior.*

Todavia, Hitler trocou de direção do impulso para a conquista. O espaço procurado se encontrava nas vastas terras da Polônia e da Rússia, habitadas pelos eslavos e mongóis, povos de raças inferiores aos alemães e que justamente em razão disso deveriam cedê-las ao *Herrenvolk*, ao "Povo de Senhores", liderados por ele. A perda das savanas africanas seria compensada pela *Drang nach Östen*, a conquista das vastas estepes habitadas pelos eslavos.

No seu livro *Minha Luta*, aparecido em 1925, ele foi bem claro quanto a isso:

> Indo contra todas as "tradições" e preconceitos, ela [a Alemanha] deve encontrar a coragem para reunir nosso povo e suas forças para um avanço no caminho que vai levar esse povo a partir do seu espaço de vida presente restrito para uma nova terra e solo, e, portanto, também libertá-la do perigo... de servir como uma nação de escravos.
>
> Adolf Hitler, *Mein Kampf*

---

* *Por ter sido a Alemanha obrigada a entregar suas possessões africanas aos aliados, particularmente à Grã-Bretanha e à França depois da sua derrota na Primeira Guerra Mundial, acertada pelo Tratado de Versalhes, de 1919, entende-se o significado de "povo sem espaço" usado na novela de Grimm (que chegou a vender 400 mil exemplares antes da Guerra de 1939-1945).*

O plano geral para o leste

Nas vésperas da entrada em ação da Operação Barbarossa, que determinava a invasão da URSS, coube ao *Reichsführer* Heinrich Himmler, comandante-supremo da SS, preparar um programa para os amplos territórios a serem ocupados: o *Generalplan Öst* ou Plano Geral para o Leste.

Como deveriam os alemães proceder com as zonas tomadas e o que fazer com a população civil que ali vivia?

Naquela altura, transcorridos três anos de guerra, a SS (*SchutzStaffeln*), tida como a Guarda Pretoriana do Führer, havia se tornado um Estado dentro do Estado alemão. Ela encarnava os desejos mais profundos de Hitler quanto a mover uma guerra racial e ideológica contra os seus inimigos até os extremos da humanidade. A SS era o exército ideológico do nacional-socialismo.

Não só tinha o controle sobre as instituições policiais (SS *Polizei Division*), como também possuía o seu próprio serviço de informações (a SD ou *Sicherheits Dinst*), além de contar com divisões militares exclusivas (as *Waffen SS*), formadas tanto por ardorosos nazistas alemães como por colaboracionistas ou voluntários anticomunistas das mais diversas nacionalidades, uma espécie de Brigada Internacional da extrema direita europeia (no final do conflito chegou a contar com 900 mil homens em armas).

E, evidentemente, cabia-lhe a supervisão de todo o complexo de campos de concentração e extermínio que começaram a se espalhar pela Alemanha e pela Polônia ocupada por meio de batalhões especiais: a *SS-Totenkopfverbände*, ou unidade caveira.

A peculiaridade da guerra no leste

Como para Hitler a guerra do leste se revestia de um caráter especial, pois se tratava simultaneamente de um enfrentamento ideológico (contra o comunismo) e racial (contra o judaísmo e o eslavismo), as regras de condução não obedeceriam aos meios convencionais.

Reflexo dessa disposição foi a ordem distribuída pelo Marechal Walter von Reichenau quando dos primeiros dias da invasão da URSS: "O soldado do fronte oriental não é somente um combatente que segue as regras da arte da guerra, mas alguém que se porta de maneira racialmente desapiedada, pronto a castigar todas as bestialidades que ameaçam a etnia nacional alemã."

Assim sendo, o Führer aprovou a sugestão de Himmler de "limpar o terreno", afastando a maior parte dos eslavos do solo russo ocidental (previam o desterro de 31 milhões deles para o outro lado dos Urais, para a Sibéria) e promovendo ao mesmo tempo o extermínio dos judeus soviéticos (uns cinco milhões, que inicialmente poderiam ser removidos para as regiões polares da Rússia), fazendo com que assim fosse "destruída a substância biológica dos povos orientais".

Como sinal do seu intento, decretou a chamada Ordem dos Comissários, que autorizava a execução imediata dos comunistas capturados, para assim os russos ficarem desprovidos dos seus líderes e dirigentes.

Isso devia-se a que "na luta contra o bolchevismo, não era possível confiar em que o inimigo se apegasse aos princípios da humanidade ou do direito internacional público... "Podemos aplicar um tratamento cruel e desumano contra os nossos prisioneiros." (cit. Ernst Nolte, pág. 418.)

O Império Ariano

Então, do alto da sensação de vitória prestes a ser alcançada foi que Hitler expôs numa série de conversas – as *Tischgesprächen* – o seu plano para ocupar o espaço vital finalmente adquirido pela força das armas.

A dimensão do Império Ariano era realmente colossal, superior ao Império de Carlos Magno ou de Napoleão, pois englobava as terras da Escandinávia até a região sul das estepes russas.

Esse imenso continente que se abria – o *Östimperium* – era quase uma Índia a ser povoada e colonizada por fazendeiros alemães.

Somente a sua parte mais oriental (formada por Bielorússia, Ucrânia e Moldávia) chegava a 850 mil km², mais de duas vezes a dimensão da Alemanha.

Além dos colonos germanos, haveria uma seleção genética para identificar tipos humanos arianizados existentes na França, na Bélgica e na Holanda para igualmente serem transferidos à nova área expurgada de eslavos e judeus e nela assentados.

A península da Crimeia, de clima aprazível, situada no Mar Negro, seria reservada como uma espécie de Paraíso Ariano, transformada num centro de cultura e lazer povoado por imigrantes tiroleses, mas aberta às viagens turísticas dos demais germanos.

O propósito final de Hitler era refazer o mapa europeu por meios estritamente raciais, no qual haveria o domínio absoluto dos germanos e dos germanizados – loiros de olhos azuis –, que agiriam como *Herrenvolk*, como "Povo de Senhores", reduzindo os habitantes locais ao imperativo da servidão obrigatória.

Desse modo entende-se a anotação deixada por Hans Frank nos seus diários: "Recebi ordens para saquear totalmente os territórios conquistados a leste, ou seja, transformando suas estruturas econômicas, sociais, culturais e políticas em um monte de escombros (19 de janeiro de 1940)".

A inspiração direta do Führer e seus seguidores mais próximos se originava evidentemente da experiência anterior do colonialismo europeu e da conquista do oeste feita pelos norte-americanos (processo com que ele tinha intimidade pela leitura de Karl May, um popularíssimo autor alemão, seu favorito, que narrava as façanhas incríveis do Velho Mão de Ferro e do apache Winnetou em suas caçadas e andanças pela América).

Portanto, a utopia do Império Ariano era uma recriação em solo europeu das aventuras sangrentas e pilhagens que os homens brancos haviam feito nos continentes do Terceiro Mundo nos séculos XIX e XX.

O "jardim antropológico"

Os povos inferiores sobreviventes, os *Untermensch*, que viveriam dentro do Império não teriam acesso à educação ou à instrução mais elevada, sendo aptos apenas às regras mais elementares de convívio, trabalho e obediência.

Como uma espécie de viveiro humano, ou de "jardim antropológico", no qual os germanos poderiam admirar visualmente exemplares das etnias derrotadas, o Governador-Geral da Polônia ocupada, Hans Frank, desenvolvera o projeto do *Menschengarten*, composto pelas agrupações submetidas, a ser situado nas cercanias da cidade de Cracóvia.

Cada uma delas (judeus da Galícia, camponeses poloneses, russos ex-integrantes dos *kolkozes*, rutênios, ucranianos, etc.) formaria uma pequena aldeia ajardinada com suas choupanas e barracões, nas quais manteriam o tipo de vida de acordo com a cultura de cada um, sendo então visitados por expedições organizadas a partir do Ocidente, como uma espécie de atração bizarra, naturalmente que vigiadas à distância pelas guardas SS.

Todos esses delírios imperiais e colonialistas começaram definitivamente a ruir dois anos depois, quando o VI Exército alemão, sitiado em Stalingrado, viu-se obrigado a se render no dia 1.º de fevereiro de 1943, dando início à catástrofe final do maior projeto reacionário do século XX.

A Conferência de Yalta

A Conferencia de Yalta, ocorrida em fevereiro de 1945, a segunda rodada do encontro entre os três senhores do Mundo – Roosevelt, Churchill e Stalin –, foi a mais famosa de todas as conferências da II Guerra Mundial, pois nela deu-se a partilha do mundo entre os "Três Grandes". Nas vésperas da vitória final da Grande Aliança sobre as forças do Eixo, as decisões que foram tomadas naquela ocasião tiveram efeitos diretos e duradouros sobre povos e nações do mundo inteiro pelo meio século seguinte.

Encontro na Crimeia

A península da Crimeia, no Mar Negro, ligada à Ucrânia pelo istmo de Perekop, lembra a crônica da ilha da Sicília. Várias vezes invadida e conquistada na história, foi, por alguns séculos, território dos tártaros, até que eles, em 1783, se submeteram aos russos vindos do norte. Quando o avião do primeiro-ministro britânico Winston Churchill pousou no aeroporto de Sebastopol, base aeronaval soviética na península, no começo de fevereiro de 1945, depois de uma demorada e cansativa viagem, por todos os lados viam-se as ruínas causadas pela invasão dos nazistas e pela recente evacuação deles.

A cidade fora submetida, entre junho e julho de 1942, a um implacável sítio pelo general Von Manstein, quando mais de 500 mil obuses desabaram sobre ela. Consideravam-na "a maior fortaleza do mundo" até que as resistências do general Petrov cederam e Sebastopol rendeu-se. A Crimeia somente fora reconquistada pelo Exército Vermelho no verão de 1944; portanto, quando o plenipotenciário britânico lá aterrissara, a pobre península estava tão esburacada quanto um queijo suíço.

Churchill odiou o trajeto percorrido de automóvel até Yalta, local escolhido para a segunda cúpula dos "Três Grandes", realizada entre os dias 7 e 11 de fevereiro de 1945. O lugarejo era uma antiga estação de veraneio da família do czar, situado bem no sul da península da Crimeia e dotado de uma paisagem deslumbrante. O palácio local fora rapidamente adaptado para acolher os senhores do mundo: o presidente norte-americano, Franklin Delano Roosevelt; o primeiro-ministro britânico, Winston Churchill; e o generalíssimo soviético Joseph Stalin, a quem, naqueles tempos de amizade e confraternização guerreira, a imprensa americana tratava como "Oncle Joe", o "Tio Joe".

Ali, envolvidos pelo silêncio e pelo clima de lazer, eles decidiriam o destino das nações e de centenas de povos.

Aqueles três estadistas sessentões controlavam um território descomunal. Incluindo-se o domínio da Grã-Bretanha sobre as suas 51 colônias espalhadas pelo mundo (mais de 23 milhões de km²), somadas ao território americano (9.372.614 km²) e ao soviético (22.402.000 km²), perfaziam um total superior a 55 milhões de km², habitados por 1/3 da população da Terra. Formavam um clube fechado no qual somente entravam, como exigia Stalin, "quem tivesse mais de cinco milhões de soldados".

Boas notícias do fronte da guerra

Até aquela altura tudo parecia andar no bom caminho entre os Três Grandes. As vitórias soviéticas ao longo do ano de 1944 tinham sido impressionantes. Uma enorme linha de combate, com bem mais de 2.700 quilômetros de extensão, que partia das águas geladas do Mar Branco, no norte da URSS, estendendo-se até as estepes quentes do sul da Ucrânia, agindo como se fosse um implacável rolo compressor de tanques, aviões, canhões e tropas de infantaria russa, havia empurrado e parcialmente destruído com quase todas as divisões alemãs e suas aliadas (italianas, croatas, romenas e húngaras), colocando-as em debandada para fora das fronteiras soviéticas.

No fronte ocidental, por sua vez, após a bem-sucedida operação de desembarque aliado na Normandia no DIA-D, 6 de junho de 1944, quando a Muralha do Atlântico de Hitler foi violada com certa facilidade, tudo dera para correr bem. Os nazistas não resistiram à impressionante articulação de milhares de bocas de canhões dos 1.200 navios de guerra das marinhas anglo-saxãs com esquadrilhas de bombardeios de 3.500 aviões da USAF (United States Air Force) e da RAF (Royal Air Force), seguida pelo assalto às praias coordenado pelos generais Bradley, Montgomery e Dempsey, que despejaram 90 mil combatentes no litoral da França. E isso que eram apenas a vanguarda dos dois milhões de soldados, das mais diversas nacionalidades, que chegariam ao continente europeu nos meses seguintes, obedecendo ao comando supremo do general norte-americano Dwigth Eisenhower.

O resultado direto disso, do cerco e asfixia que as forças do Eixo passaram a sofrer, sufocadas, na expressão de Churchill, por " um cinturão de ferro e aço", com um previsível final dramático para a Alemanha Nazista, foi o complô contra Hitler. No dia 20 de julho de 1944, Von Stauffenberg, um oficial do Estado Maior alemão, colocara uma bomba-relógio na sala de operações onde Hitler estava na *Wolfsschanze*, a "Toca do Lobo", em Ratzenburg, na Prússia Oriental. Esperava que com a morte dele talvez fosse possível convencer os aliados e firmar uma paz, evitando assim a ocupação da Alemanha. Mas o Führer sobreviveu.

Zonas de Influência

Os encontros em Yalta foram estabelecidos num horário que agradou Churchill: às 5 horas da tarde. O *premier* britânico detestava acordar cedo e costumava despachar do leito onde ficava até o meio-dia. Nos intervalos das reuniões, sorvia generosas doses de uísque e à noite, na hora da confraternização, era a vez de derrubar incontáveis garrafas de champanha. Roosevelt, que ficou lisonjeado, foi apontado por Stalin como o árbitro entre os dois superpoderes europeus, o Império Britânico e o Império Soviético. Churchill havia proposto, uns meses antes, uma política de Zonas de Influência sobre as áreas liberadas ou ainda a serem liberadas. A Grã-Bretanha, num acordo prévio acertado em Moscou em outubro de 1944, quando o primeiro-ministro e Antony Eden foram a Moscou, ficaria com a Grécia e metade da Iugoslávia, enquanto Stalin teria o domínio quase integral sobre a Hungria, a Romênia e a Bulgária*. A questão mais polêmica foi a da Polônia. Churchill alegou que a Grã-Bretanha fora à guerra em 1939 para defender a soberania dos poloneses contra os nazistas e não poderia aceitar que aquele país, em vésperas de ser ocupado pelo Exército Vermelho, fosse cair na órbita soviética.

Stalin retrucou que não se tratava de uma questão de honra, mas sim de segurança. Milhões de russos pereceram e grande parte da União Soviética fora destruída por uma invasão que partira do território polonês. Ele, para tanto, já tomara as providências, criando um Comitê Nacional de Lublin, formado por poloneses de confiança refugiados em Moscou, como Bierut e Osóbka-Morawski, para assumirem o controle do país. Além disso, os britânicos e os americanos, quando ocuparam a Itália, não fizeram nenhum gosto em querer a coparticipação dos soviéticos nos arranjos do regime pós-fascista.

Mesmo assim, Stalin concordou que, terminada a guerra contra a Alemanha, haveria eleições livres na Polônia, pois um dos compromissos assumidos pelos Três Grandes – no tópico II da declaração final conjunta, de 11 de fevereiro de 1945 –, era assegurar que "os povos teriam direito de escolher sua própria forma de governo sob o qual desejavam vi-

---

* A partilha do leste e do sudeste da Europa.

ver". Marcaram igualmente para o dia 25 de abril daquele ano uma conferência em São Francisco, nos Estados Unidos, que lançaria as bases das Nações Unidas, composta inicialmente por todos os países que tivessem declarado guerra ao Eixo até o dia 1.º de março de 1945. A organização seria dirigida por um Conselho de Segurança de cinco membros permanentes e por seis outros rotativos, a fim de garantir a paz e a segurança no mundo do pós-guerra.

Os partilhados	Parte soviética	Parte britânica
Polônia	100%	-x-
Bulgária	75-80%	20-25%
Romênia	75-80%	20-25%
Hungria	75-80%	20-25%
Iugoslávia	50%	50%
Grécia	-x-	100%

Fonte: *The Memoirs of Cordell Hull*, cit. I. Deutscher – "Stalin" vol. II, p. 470, RJ, 1970.

O desmembramento da Alemanha

Ao contrário de novembro de 1918, quando os aliados vencedores do II Reich alemão assinaram um armistício com o governo do Kaiser Guilherme II sem adentrar no território alemão, os "Três Grandes" comprometeram-se não só a ocupar a Alemanha, como dividi-la em quatro partes (a americana, a britânica e a soviética, com uma pequena presença da França). Somente assim, era a opinião unânime deles, poderiam extirpar para sempre o espírito belicista do nacionalismo prussiano responsável pelas guerras de agressão. Stalin enfatizou a necessidade de os alemães pagarem reparações a todos os países por eles agredidos desde 1939, em forma de usinas, equipamentos industriais, máquinas, navios, material de transporte, além de expropriar deles todos os investimentos que possuíam no estrangeiro, num total aproximado de 20 bilhões de dólares daquela época, dos quais 50% caberia à URSS. Teriam ainda que entregar as colheitas e até permitir o uso da força de trabalho alemão para restaurar os estragos da guerra.

Uma das propostas mais radicais partiu de Henry Morgenthau, o Secretário do Tesouro americano (de 1934 a 1945), no sentido da "pastorilização" da Alemanha, isto é, fazê-la voltar à Idade Média, com a remoção completa do seu parque industrial. A dieta dos alemães para Roosevelt seria "sopa na manhã, sopa no almoço e sopa na janta".

O país derrotado seria dirigido por um Conselho de Controle – formado por autoridades das quatro nações –, responsável pela execução da política de ocupação. Acertou-se que aqueles que fossem apontados como criminosos de guerra seriam julgados num tribunal especial (a Corte de Nuremberg, funcionando a partir de 1946). Outros temas em pauta (que chegou a ter 14 disposições) diziam respeito ao regime a ser adotado na Iugoslávia, a questão de limites entre a Iugoslávia, a Itália, a Bulgária e a Áustria e, por fim, a necessidade de a Turquia participar da etapa final da guerra.

Stalin cobrou especial atenção para suas exigências no Extremo Oriente. Para entrar na guerra contra o Japão, queria em contrapartida que os antigos "direitos russos" na região (Mongólia, entrada de ferro manchuriana, ilhas Sakalinas e Kurilas), perdidos na guerra russo-nipônica de 1904, fossem restaurados e ampliados.

As críticas à Yalta

Com a emergência da Guerra-Fria, provocada pelo discurso de Churchill em Fulton, em 5 de março de 1946, quando fez a pública menção sobre a *Iron Courtain*, a "Cortina de Ferro", pairando como uma ameaça sobre a liberdade dos europeus, e a doutrina Truman, que a seguiu (março de 1947), choveram acusações e críticas dos conservadores e dos direitistas ocidentais sobre o desempenho do presidente Roosevelt (falecido em 12 de abril de 1945). Ele simplesmente teria "entregue" a Europa do leste aos vermelhos. De fato, o presidente estava com a saúde profundamente abalada (em semicoma, segundo alguns dos presentes em Yalta, vindo a falecer 90 dias depois da cúpula), mas essa não foi a razão. Em primeiro lugar, ninguém entregou nada a Stalin. Foi o Exército Vermelho que, na perseguição aos nazistas, levou tudo de roldão, chegando, antes mesmo de capturar Berlim (em 2 de maio de 1945), até as margens do rio Elba, onde se deu a célebre confraternização com as tropas americanas na ponte de Torgau, no dia 25 de abril de 1945.

Deve-se, também, levar em consideração que tipo de mundo previa Roosevelt para o pós-guerra. Não era um planeta dividido pelo ódio ideológico entre democratas e comunistas, como os políticos, os diplomatas e os estrategistas militares da Guerra Fria, de ambos os lados, terminaram instituindo. Antes pelo contrário. Ele acreditava que poderia coexistir pacificamente com Stalin e era igualmente sincero na sua percepção de que os dias do Império Britânico estavam contados. Não fazia parte dos seus planos ficar na Europa com suas tropas muito além de dois anos (foi o que disse a Churchill em Yalta), visto que, fixados os limites gerais com Stalin, a verdadeira força na Europa, era desnecessária uma presença americana continuada por lá. Era possível que, restabelecida a sensação de segurança da URSS, arrasada e traumatizada pela invasão nazista, Stalin se encaminhasse para uma liberação do seu regime. Mas se Roosevelt de fato se orientou nesse sentido teria feito o papel do ingênuo, um irresponsável que "capitulara" frente aos vermelhos em Yalta.

A stalinização da Europa do leste

Pode-se supor que a política soviética de stalinizar os países ocupados depois de 1945 (Romênia, Bulgária, Polônia, Hungria, Checoslováquia e Alemanha Oriental, transformados em "Democracias Populares"), obrigando-os a seguirem o modelo coletivista, deveu-se essencialmente ao seu anseio por segurança e não a um provável devaneio em querer ampliar as fronteiras do comunismo internacional. Afinal, desde o outono de 1924, ele defendera, contra a tese da "Revolução Permanente" de Trótski, a linha do "Socialismo num só país", tornando-se um descrente nas possibilidades de o comunismo vir a ter sucesso fora das fronteiras da URSS (sinal disso foi o fechamento do Comintern, a Internacional Comunista, determinado por ele em 1943). Daí resulta que a política externa adotada pelo generalíssimo não diferiu, em essência, da dos czares russos do passado. Não era a causa socialista que o interessava, mas, sim, o poder, a integridade e a grandeza da Grão-Rússia. Ele agitava a bandeira vermelha apenas quando isso taticamente interessava ao Estado imperial russo. Isso explica a indiferença dele pela política de autodeterminação dos povos que se submeteram à ocupação soviética.*

Quadro-síntese da Conferência de Yalta

Data	Presentes	Assuntos tratados
7 a 11 de fevereiro de 1945	F.D. Roosevelt (EUA) W. Churchill (GB) J. Stalin (URSS)	A organização do mundo: fundação da ONU; declaração de liberdade para os povos; desmembramento e reparações pagas pela Alemanha; Polônia sob regime pró-soviético; questões de fronteira entre Iugoslávia e seus vizinhos; zonas de influência anglo-soviéticas; direitos soviéticos na guerra contra o Japão.

---

* Interessa observar, a título de curiosidade, que a tese que ele apresentou ao Comitê Central bolchevique, a primeira em que assinou com o codinome "Stalin", intitulada "Os problemas das nacionalidades e a social-democracia", em 1912, versava justamente em favor da autodeterminação das nacionalidades que se encontravam naquela época sob a tutela do czarismo.

Bombas sobre a Alemanha

Muito se diz que a história é escrita pelos vitoriosos. Todavia, conforme vamos nos distanciando do conflito que encerrou a Segunda Guerra Mundial em 1945, um número significativo de livros, tanto no Japão como na Alemanha, surgem para descrever o sofrimento das populações civis, japonesas e alemãs, vitimadas pelos intensos bombardeios aéreos a que foram submetidas nos seis anos de conflito.

Dresden destruída (fevereiro de 1945).

Arrasando a Alemanha

Durante os últimos decênios que se sucederam à Segunda Guerra Mundial, o sentimento de culpa dos alemães foi um poderoso fator de inibição para que eles narrassem os sofrimentos que padeceram, especialmente a sua população civil, durante e depois do conflito encerrado. Esse período de mutismo, passado meio século e estando o país novamente unificado, parece ter-se encerrado. Os dados são impressionantes: mais de 600 mil mortos, 131 cidades total ou parcialmente destruídas, 7.500.000 desabrigados. Recentemente, um número crescente de historiadores, tendo à frente Jörg Friedrich, de certo modo reivindicando reclamar em nome das mais de 600 mil vítimas civis, terminou por apontar Winston Churchill como um criminoso de guerra. Ele, ao assumir o comando em chefe do governo da Grã-Bretanha, ordenara à RAF (Royal Air Force) que destruísse, sem contemplação, as cidades alemãs, ainda que elas não tivessem importância militar ou estratégica. Mesmo quando a resistência alemã já estava no chão. Não demorou para que os historiadores britânicos respondessem ao repto. Assistiu-se então nos últimos anos àquilo que os alemães denominam como *Historikerstreit*, uma querela entre historiadores alemães e ingleses.

O horror vindo dos céus

As enormes *firestorm*, as tempestades de fogo, começaram a desabar sobre a Alemanha em guerra a partir da primavera de 1942. À noite, escolhido o alvo, ondas de esquadrilhas britânicas voando em formação não tinham piedade. Entre 30 e 31 de maio de 1942, 1.500 toneladas de bombas, 8.300 delas incendiárias, mais 116 de fósforo, 81 de alta combustão e mais 4 bombas carregadas de 125 litros de fluido altamente inflamável, foram lançadas sobre Colônia, uma das mais antigas cidades da Alemanha, fundada ainda no tempo dos romanos.

Em menos de 24 horas, pela ação dos artefatos de magnésio, fósforo e napalm, cem mil moradores perderam seus lares, quando um outro tanto deles, também impressionante em número, foram mortos. Nada que existia abaixo da barriga dos Avro Lancaster foi poupado. O objetivo não foi pulverizar as pontes sobre o rio Reno ou as fábricas de armas existentes na periferia, nem mesmo as instalações militares interessavam, mas, sim, levar o pavor e a ruína total ao centro dela, onde maior era a densidade demográfica.

Até então a cidade conhecera ataques episódicos, mas aquela noite de 30/31 foi diferente. Ela assinalou o começo da destruição completa de Colônia. E não apenas dela. Nos anos seguintes, até a guerra se encerrar, em 8 de maio de 1945, 161 cidades alemãs foram bombardeadas sem cessar. À noite pela RAF, de dia pela USAAF (a força aérea americana).

As principais aglomerações humanas se tornaram alvo preferencial daquele bombardeio implacável, estrategicamente pensado para causar primordialmente o maior volume possível de baixas civis, na tentativa (que se mostrou infrutífera) de reduzir o apoio popular ao regime de Hitler. Obedeciam, assim, a um memorando do brigadeiro Sir Charles Portal, *Secretary of State for Air*, que na sua nova doutrina de bombardeamento, dizia: "Suponho que está claro que o ponto central são as áreas construídas,.... não as docas ou as fábricas de aviões...", visto que o foco central daquele dilúvio de bombas que era despejado sobre as cidades era atingir "o moral do inimigo, atacando a população civil, particularmente os operários da indústria".

Os dados indicam que despejaram sobre território alemão a seguinte tonelagem de bombas: 40 mil t. em 1942; 120 mil t. em 1943; 650 mil t. em 1944; e 500 mil t. nos quatro meses derradeiros da guerra, em 1945 (*Die Welt, 11.2.1995, S. G1*)

A mudança da estratégia

Seria razoável esperar que um país em guerra, qualquer um que fosse, uma nação inteira envolvida num combate de vida e morte, pudesse dispensar uma vantagem tecnológica no campo dos armamentos e não usá-la em nome do resguardo de elevados princípios morais? Esse pode ser o centro do problema ético enfrentado pelas partes beligerantes. A história tem mostrado que não se sabe de nenhum caso sequer, que fosse realmente significativo, de uma abstenção do uso de uma arma letal que fosse decisiva no seu papel de defesa ou de ataque de um país envolvido numa guerra.

Hamburgo destruída pelo raide aéreo de abril-junho de 1944.

Alguns sustentam que a Primeira Guerra Mundial teria sido a última das guerras de grande proporção em que a população civil não foi diretamente atingida e que as baixas provocadas entre ela somente ocorreram ocasionalmente, quando uma vila ou uma cidade estava inadvertidamente entre o fogo cruzado dos exércitos rivais em deslocamento. Por conseguinte, na estratégia dos estados-maiores daquela época – fossem eles britânicos, franceses, italianos, russos, turcos, alemães ou austro-húngaros –, não se concebia o ataque direto à retaguarda do inimigo visando a colocar mulheres, crianças e idosos na mira direta da metralha ou das bombas. O próprio Winston Churchill, ao fim da Primeira Guerra Mundial, entendera que no futuro não seria mais assim e que os civis, era inevitável, se veriam submetidos à mesma tensão e ao mesmo perigo dos soldados do fronte. As destruições quase que totais de Dresden, Hiroxima e Nagasaki, que juntas somaram mais de meio milhão de mortos e feridos, majoritariamente civis, veio confirmar isso.

Auschwitz, a metrópole do genocídio

O Portal do Inferno

Desde muitos anos os antissemitas do mundo inteiro nos vêm advertindo que o judaico projeta a destruição da humanidade. Pelo momento e enquanto espera essa misteriosa operação, o antissemitismo se dedica a operação inversa, a única de que se tem notícia efetiva. Em seis anos aniquilou-se mais da terceira parte da população judaica do mundo.

Ernesto Sábato, *Apologías y Rechazos*, 1990.

Quando as tropas do 6.º Exército de Infantaria soviético, comandadas pelo cel.-general P. Kúrochkin, adentraram no campo de Auschwitz, em Oswiecim, na Polônia, no dia 27 de janeiro de 1945, o mundo finalmente entendeu a que dimensões chegava o significado da palavra *horror*.

Não que a descoberta de campos de extermínio fosse uma novidade. Afinal, na ofensiva de verão de 1944, os soviéticos já haviam se deparado com Maidaneck, perto de Lublin, espantando-se com o que encontraram.

Espectros humanos vagam ali entre os barracões, gente com pele sobre os ossos que mal esboçava sequer um agradecimento pela libertação. Nas trincheiras, ainda insepultos, empilhavam-se cadáveres esquálidos, enquanto que pelos pátios e galpões, pilhas de roupas, de malas, de cabelos e de óculos serviam como testemunhos silenciosos daqueles que foram apresentados ao reino do inferno.

Mas a descoberta de Auschwitz, de fato, superou tudo o que haviam visto antes. Mesmo depois que os americanos, vindos pelo Ocidente, chegaram a Buchnwald, Belsen ou Dachau, constatou-se que campo de Auschwitz superava tudo em matéria de horror. Assemelhava-se a uma bocarra de um vulcão assassino, construída pela mão do homem. Lá, mais de um milhão e meio de pessoas haviam perecido, sendo que a grande parte deles gaseados e incinerados em fornalhas, que, segundo os testemunhos, não pararam nunca de funcionar.

Mesmo para o povo judeu, que tinha em seu passado um assombroso histórico de martírios, de banimentos, de expulsões, de escravizações, de rebeliões sufocadas a ferro e a fogo, Auschwitz foi demais. Nenhuma malignidade anterior, por mais pervertida e perversa que fosse, poderia ter projetado aquilo. Mesmo entre os judeus, com seus profetas, seus messias, seus iluminados, nenhum dos seus reis, nenhum dos seus afamados rabinos, nenhum dos seus ficcionistas pôde prever a possibilidade de existir, algum dia, um campo de extermínio como o de Auschwitz.

Nenhum dos inimigos históricos do povo judeu, como o orgulhoso e insano rei Nabucodonosor, como Antígono Epifanes, como o General Tito, como o Imperador Adriano ou o inquisidor do Santo Ofício Torquemada, foram capazes sequer de esboçar algo tão terrífico como Auschwitz.

Para os que acreditavam na inevitabilidade do progresso, no constante aperfeiçoamento ético dos seres humanos, na intrínseca bondade natural de todos nós, o campo da morte surge como a grande esfinge do século XX. Mostrou, entre tantas outras coisas, que, apesar dos avanços espetaculares da nossa civilização, ela não estava livre de regressões tão primitivas capazes de envergonhar inclusive quaisquer dos chefes bárbaros do passado.

Do Dia-D ao colapso da Alemanha

Como se fossem duas enormes tenazes de homens e de aço, uma delas partindo da costa Atlântica da Europa outra vinda dos confins da União Soviética, as forças aliadas por fim invadiram a Alemanha e cercaram Berlim. A capital do III Reich, sede do poder nazista, àquelas alturas, estava reduzida a uma montanha de ruínas e entulho. Entre os dias 15 e 25 de abril de 1945 travou-se a batalha derradeira, quando os soviéticos do marechal Zhukov, por fim, tomaram a cidade. A Segunda Guerra Mundial na Europa chegava ao seu término. Chegara a hora de enterrar os mortos e salvar os vivos.

O Dia-D e suas consequências

No 6 de junho de 1944, o Dia-D, deu-se a maior operação militar aeronaval da história. Naquela data, 155 mil homem dos exércitos de Estados Unidos, Grã-Bretanha, Canadá e tropas dos Franceses Livres, lançaram-se nas praias da Normandia, região atlântica da França, dando início à libertação da Europa do domínio nazista. Transportados por uma frota de 14.200 barcos, protegida por 600 navios e milhares de aviões, asseguraram uma sólida cabeça de praia no litoral francês e dali partiram para expulsar os nazistas de Paris e, em seguida, marchar em direção à fronteira da Alemanha. Era o primórdio do colapso final do III Reich, o império que, segundo a propaganda nazista, deveria durar mil anos.

O clamor pela "Segunda Frente"

Desde 1942, os soviéticos, que estavam sofrendo horrores de baixas para deter e fazer os nazistas recuarem da URSS, vinham clamando para que seus aliados ocidentais, os Estados Unidos e a Grã-Bretanha, abrissem um fronte no Ocidente para aliviar a fortíssima pressão que o exército alemão exercia sobre o território russo. Desde que ocorrera a invasão do solo soviético, em 22 de julho de 1941, a Wehrmacht havia conquistado imensas fatias do território russo, fazendo com que a sua linha ofensiva abarcasse a região de Leningrado, no norte do país, se estendesse em direção à linha Moscou-Smolesk, chegando até o Cáucaso, a cadeia de montanhas situada bem ao sul da URSS.

Stalingrado, 1942/3

Os soviéticos haviam finalmente invertido a maré da guerra na batalha de Stalingrado, no inverno de 1942/143, mas as perdas humanas e materiais eram colossais. O 6.º exército alemão, comandado pelo marechal Paulus, rendeu-se ao marechal Zhukov depois de ter perdido mais de 300 mil homens nas ruínas e nas cercanias daquela cidade do Volga. Os aliados ocidentais, num primeiro momento, comprometeram-se a abastecer os soviéticos pela rota do ártico, pelos portos de Murmansk e Arcangel, mas isso não era suficiente para minorar os sofrimentos do povo russo. Em 1942, os anglo-canadenses fizeram uma tentativa de desembarque no litoral ocidental, em Dieppe, na Bélgica, mas foram dizimados pelas defesas nazistas. Os aliados ocidentais concluíram que as forças nazistas eram muito poderosas ainda para tentar-se um desembarque frontal em larga escala no solo francês. Resolveram então primeiro atacar o fronte sul das forças do Eixo: o norte da África e, em seguida, a Itália. Em fins de 1942, um exército americano desembarcou na Argélia, que, conjugado com uma ofensiva britânica na Líbia, levaram o "África Korps", o exército de elite dos alemães, comandado pelo marechal Rommel, à rendição na Tunísia em princípios de 1943. Logo em seguida os aliados avançam para a ilha da Sicília, e dali para a península italiana.

O primeiro resultado político positivo da invasão da Itália fascista foi a queda do ditador fascista Benito Mussolini. No dia 25 de julho de 1943, o Grande Conselho Fascista, por pressão do rei da Itália e do exército, destituiu e prendeu Mussolini, porque demonstrara ser incapaz de fazer os americanos e ingleses recuarem do solo italiano. Imediatamente o prenderam. Pouco tempo depois os italianos abandonam a guerra e negociam uma paz em separado com os aliados. A defecção deles obrigou os nazistas a deslocarem parte de suas forças ocidentais para tapar a brecha italiana aberta pela queda do Duce fascista.

O grande desembarque

A decisão da invasão, o ataque aeronaval sobre o território francês, calcularam os aliados, só poderia dar-se durante o verão europeu. Somente naquela estação era possível realizar-se uma operação na gigantesca escala desejada. Desde que Hitler desistira de invadir a Inglaterra em 1940, ele determinara a construção da chamada "Muralha do Atlântico", um conjunto de fortificações de concreto, em geral *bunkers*, que tinham a função de proteger as suas defesas de um ataque de surpresa vindo do mar. Os alemães esperavam que a invasão anglo-americana ocorresse na região de Calais, onde o Canal da Mancha, estreito que separa a França da Inglaterra, é menor, concentrando ali a maioria das suas divisões.

Hitler e o marechal Rommel palpitaram que era bem possível que os aliados desembarcassem na Normandia, porque lá se encontravam os dois grandes portos capazes de acolher a enorme quantidade de homens e de material bélico que estavam concentrados no sul e no sudoeste da Inglaterra: os portos de Le Havre e Cherbourg. Finalmente, os aliados decidiram-se por executá-lo no verão de 1944, Aproveitando-se de uma momentânea melhoria climática, o general Eisenhower, comandante supremo dos aliados, ordenou que aquela imensa força se deslocasse para o mar no dia 6 de junho.

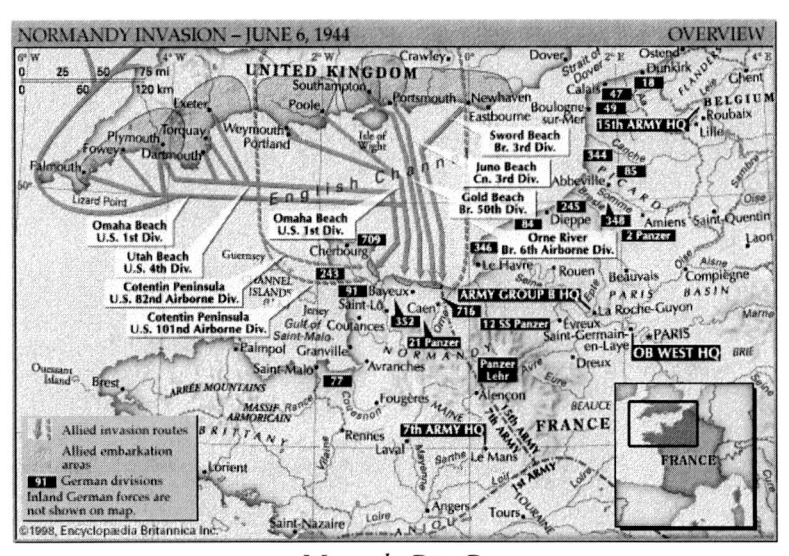

Mapa do Dia-D.

A invasão da Normandia

Na madrugada daquele dia foram lançadas nas proximidades de Cherburgo uma leva de tropas paraquedistas para darem proteção ao desembarque que ocorreria a seguir pela manhã. As 6h30 milhares de pequenos barcos começaram a despejar os soldados americanos nas praias de codinome "Utah" e "Omaha", ingleses e canadenses nas praias de "Juno", "Cold" e "Sword". Apesar da forte resistência feita pelos nazistas, o elemento surpresa foi fundamental. Houve indecisão no alto comando alemão nas primeiras horas, e isso lhes foi fatal. O marechal von Rundstedt, comandante-geral das forças alemãs no Ocidente, acreditava ser possível expulsar os aliados de volta para o mar logo que eles desembarcassem, lançando mão das divisões Panzer de reserva.

Para o marechal Erwin Rommel, a grande estrela do exército alemão, ao contrário, os invasores não deviam nem chegar a pôr os pés no litoral, visto que a superioridade aérea dos americanos e ingleses impediria qualquer possibilidade de as tropas alemãs puderem rechaçá-los numa contraofensiva. De fato, já no primeiro dia do desembarque na Normandia, os aliados conseguiram fixar-se firmemente no litoral, começando a avançar para o interior da península de Cherburgo. Simultaneamente, os soviéticos deram início a sua ofensiva de verão em toda a frente oriental. Do Báltico, passando pela Bielorússia e Ucrânia, uma massa de divisões russas esmagaram as defesas nazistas e chegaram até as portas de Varsóvia, capital da Polônia, em apenas quarenta dias.

A tragédia de Varsóvia

Aproveitando-se da proximidade do Exército Vermelho das cercanias de Varsóvia, as forças da resistência polonesa, a *Armija Krazowa* (AK), lideradas pelo general polonês Bor-Komarowscki, intentaram um grande levante armado contra os nazistas. Como os soviéticos não foram consultados, não houve articulação entre o levante dentro da cidade e as tropas russas que estavam acampadas do outro lado do rio Vístula. O resultado disso foi trágico, pois forças da AK isoladas dentro da capital polonesa foram dizimadas pelas divisões Panzer, que, obedecendo à ordem de Hitler, destruíram praticamente nove décimos da capital polonesa, matando, estima-se, 200 mil habitantes da capital.

A ofensiva final

Hitler ainda tentou, em dezembro de 1944, jogando a sua última cartada, dividir os exércitos aliados pela surpreendente ofensiva de Ardenas, na Bélgica, mas poucas semanas depois do ataque, sem cobertura aérea e sem combustível para os seus tanques, viram que era inútil. No dia 12 de janeiro de 1945, os soviéticos ordenaram a ofensiva de inverno, a final, aquela que terminaria com a ocupação da Alemanha. Berlim, bombardeada dia e noite, foi o centro da resistência derradeira de Hitler.

A batalha de Berlim

A batalha de Berlim foi uma das mais extraordinárias da história da II Guerra Mundial. Os soviéticos marchavam em direção à capital alemã com três grandes exércitos, comandados pelos generais Rokossovski (pelo norte), Zhukov (pelo centro), e Konev (pelo sul); no total tinham 2,5 milhões de soldados, que compunham a 1.ª e 2.ª Frente Bielorussa e a Frente Ucraniana. Em algumas áreas do frente, os soviéticos concentraram 270 canhões e foguetes por quilômetro, sendo que no primeiro dia da ofensiva, desencadeada em 16 de abril, mais de 1,23 milhão de granadas foram lançadas contra as defesas alemãs, provocando, ao detonarem, um efeito similar ao de um terremoto. Nos céus, 5 mil aviões soviéticos davam cobertura às manobras terrestres.

A resistência alemã, encabeçada pelo general Henrici, depois de ter tentado manter suas posições, dissolveu-se. Hitler havia ordenado a mobilização de quase toda a população masculina. Os da faixa dos 40 a 60 anos de idade entraram na *Volksturm,* a milícia civil, enquanto que os garotos de 12 a 16 anos, na *Hitlerjugen* (Juventude Nazista), armados com antitanques, foram rapidamente conduzidos para o fronte de batalha. Bem poucos sobreviveram.

Prevendo a catástrofe final, o ministro dos Armamentos, o arquiteto Albert Speer, convocou a Sinfônica de Berlim para realizar no dia 12 de abril o derradeiro concerto na cidade condenada. No programa, o maestro executaria a *Götterdämmerung* ("A Queda dos Deuses"), composta por Richard Wagner.

Zhukov, frente ao rio Oder, no instante do ataque, usou faroletes intensos, para cegar as defesas alemãs. Seu colega e rival, o general Konev preferiu jogar bombas de fumaça. Assim, entre luzes e intenso nevoeiro, o Exército Vermelho, transformado numa imensa máquina de guerra, cuspindo fogo por todos os lados, rolou seus tanques em direção a Berlim.

Hitler rejeitara refugiar-se numa fortaleza alpina, decidindo-se por permanecer até o fim na capital. Quando soube que os soviéticos se aproximavam do *bunker*, decidiu-se pelo suicídio, cometido com um tiro de revólver no dia 30 de abril de 1945. Antes transmitira o poder ao almirante Dönitz para negociar o que fosse com os vencedores. Lá fora, Berlim ardia. A luta foi de rua por rua, casa por casa, até que a rendição fosse negociada a partir do dia 2 de maio.

Da antiga capital do Reich nada mais restara senão uma exposição sem fim de ruínas e entulhos: 250 mil prédios foram destruídos. Calcula-se que 325 mil alemães morreram na batalha final. Num repente todo aquele barulho todo cessou. As armas tinham se calado. Uns dias antes, soldados soviéticos haviam corrido em direção ao Reichstag, o prédio do parlamento alemão, para colocar a bandeira soviética bem no alto. Enfrentaram então a última resistência que se lhes opôs na cidade: os voluntários anticomunistas do que restara da Waffen SS *Charlesmagne*, divisão composta por cerca de 80 direitistas franceses que lutavam ao lado dos nazistas.

Ao silêncio da Berlim finalmente capturada, foi contraposta a explosão de alegria que tomou conta de Moscou quando os velhos sinos do Kremlin anunciaram, enfim, a vitória. Três milhões de habitantes saíram às ruas para, num céu dominado por fogos de artifício, celebrarem loucamente o término da guerra contra o inimigo alemão. O mesmo, em seguida, deu-se em Nova Iorque, Londres e Paris, assaltadas por multidões eufóricas, felizes por terem sobrevivido à maior catástrofe do século 20. O mundo inteiro eletrizou-se pela chegada da paz (ainda que a guerra com o Japão prosseguisse por mais alguns meses).

O encontro em Torgau

O encontro americano-soviético em Torgau (25/04/1945).

Os aliados ocidentais, por sua vez, começaram o seu ataque em fevereiro de 1945 e, por fim, dois meses depois, encontraram-se com as tropas soviéticas no rio Elba. Foi um momento histórico extraordinário quando, no dia 25 de abril de 1945, os soldados norte-americanos confraternizaram com os russos sobre a ponte de Torgau, trocando apertos de mão e goles de bebida forte. Todavia, tal momento de confraternização entre os vitoriosos não duraria muito. Logo depois da rendição e da partilha da Alemanha, começaram a surgir desavenças entre os EUA e a URSS, conduzindo o mundo nos 40 anos seguintes para os perigos da corrida armamentista provocada pela Guerra Fria (1947-1989).

A Alemanha, ocupada pelos exércitos vencedores a partir de 1948-9, foi dividida em dois países: a RFA (República Federal da Alemanha), com sede em Bonn e controlada pelos aliados ocidentais, e a RDA (República Democrática da

Alemanha), com capital em Berlim, sob controle dos soviéticos. Assim permaneceu até 1991, quando então recuperou sua unidade política de antes da guerra, fazendo de Berlim novamente a sua capital.

Berlim em ruínas, 1945.

Atentado contra Hitler

No dia 20 de julho de 1944, Adolf Hitler sofreu um atentado à bomba quando estava no seu QG no Front Oriental. A intenção dos conspiradores, todos os membros da elite militar e aristocrática da Alemanha de então, era eliminar o ditador para conseguir fazer uma paz com os aliados, a fim de evitar a invasão final da Alemanha. O fracasso deles representou não só a dizimação dos envolvidos como ainda a perda da vida de milhares de alemães, civis e militares, que ainda continuaram inutilmente lutando por mais nove meses numa guerra perdida até que ocorresse o colapso final.

Hermann Göring em visita ao local do atentado (a "toca do lobo" em Rastenburg).

Agastando-se com os generais

Na ligeira refeição que fez com os marechais von Rundstedt e Erwin Rommel, no seu quartel-general nas proximidades de Margival, na França, duas semanas depois da invasão aliada de 6 de junho de 1944, Hitler primeiro esperou que alguém previamente lhe provasse os alimentos. Seu famoso instinto já o colocava de alerta, e não sem razão. O marechal Rommel, pouco depois do encontro, comentou com seu assessor, o general Speidel, de que se Hitler "não tirasse as consequências" do sucesso do desembarque anglo-americano e encaminhasse uma negociação no sentido de um cessar-fogo no Ocidente, "teremos que agir". De fato, a guerra estava perdida. No leste, uma colossal ofensiva de verão fez com que os soviéticos levassem tudo de roldão. Um pequeno grupo de conspiradores, ligados socialmente à aristocracia prussiana, cujos sobrenomes ilustres constavam no Almanaque de Gotha, resolveu pôr um fim naquilo assassinando Hitler.

Nenhum outro setor da sociedade alemã poderia fazê-lo senão eles. O processo de nazificação da sociedade e das instituições alemãs fora tão intenso que apenas algumas delas, como a Igreja Evangélica e a Católica, mantinham certa autonomia em relação ao regime. Dessa forma o descontentamento com a condução da guerra somente poderia brotar de um minúsculo grupo muito próximo ao poder. Hitler até então havia poupado a nobreza germânica de qualquer expropriação. Como dela precisava para a condução da guerra, não mediu esforços para manter os barões guerreiros ao seu lado, inclusive exterminando seus ex-companheiros, líderes da SA, no episódio da "Noite das

Facas Longas", em 1934, que desejavam formar um exército popular, fora do controle da velha casta militar. Mas os desastres no campo de batalha fizeram com que esse acordo esdrúxulo entre a aristocracia militar e a plebe revolucionária fizesse água.

O atentado

"Um jato de chamas infernais e ofuscantes."
Adolf Hitler, comentando o atentado de 20/7/1944.

Às 12h30 do dia 20 de julho de 1944, um coronel do Estado Maior do Exército de Reserva, o Conde Claus von Stauffenberg, um mutilado de guerra, colocou uma bomba na *Wolfschanze*, a Toca do Lobo, o QG de Hitler em Rastenburg, na Prússia Oriental.

Estavam presentes à reunião 24 pessoas, altos oficiais e comandantes militares, incluindo o pessoal do apoio. Onze deles saíram gravemente feridos da explosão e alguns morreram nos dias seguintes. Hitler, apesar das escoriações, escapou por milagre, provavelmente em razão de o atentado ter ocorrido numa cabana de madeira e não dentro do *bunker*. "Teve a sorte do diabo", comentou o historiador Ian Kershaw (*Hitler Nemesis: 1936-1945*, cap. 14). Comentando sua miraculosa sobrevivência com o ditador Benito Mussolini, o Führer disse-lhe que se convencera, depois daquele traumático episódio, de que estava destinado a continuar em sua grande causa em comum. Jogou então o peso do seu ódio sobre os conspiradores que tramaram a sua queda, a quem tratou sem nenhuma contemplação.

A vingança de Hitler

Ordenou a Himmler, o chefe da SS, que fosse implacável, que aplicasse contra eles a terrível *Sippenahft*, um princípio jurídico herdado dos tempos bárbaros, que fazia com que todo o clã fosse corresponsabilizado pelo crime de um dos seus membros. Dessa forma, com uma penada, quase toda a outrora orgulhosa e arrogante elite prussiana foi dizimada pelos nacional-socialistas. Estimou-se em 4.980 o número das vítimas eliminadas. O marechal Erich von Witzleben, o almirante Canaris e os generais Hoeppner, Olbricht, Hase, Stieff e Hassell, Oster, Peter von Wartenberg, Henning von Treschow, Ludwig Beck e Frederich Fromm, depois de condenados à morte pelo Tribunal do Povo, presidido pelo implacável juiz nazista Roland Freisler, amargaram uma sentença propositadamente humilhante e dolorosa (foram enforcados numa corda de piano presa a um gancho), enquanto outros se suicidaram.

O estertor deles foi filmado e projetado em seguida para que o Führer visse o padecimento terrível sofrido pelos conspiradores naquela mesma noite da execução, no 8 de agosto de 1944. Era a vingança final do plebeu ressentido com a aristocracia alemã, que o havia atraiçoado. Menos de 10 meses depois, Hitler, numa Berlim em chamas, arruinada e em escombros, voltaria uma pistola contra si mesmo.

Ardenas, o derradeiro ataque de Hitler

Aproximava-se o Natal de 1944, o quinto da Segunda Guerra Mundial. O pesado inverno europeu parecia cobrir com gelo, neve e nevoeiro qualquer sinal de vida. Nada parecia mexer-se. Os soldados anglo-americanos, acampados não muito longe da fronteira alemã, estavam à espera da chegada dos pacotes vindos de casa com agasalhos e enlatados que os fizessem esquecer os duros dias da guerra que tinham passado e os que ainda estavam por vir. Então, na escura manhã do dia 16 de dezembro, uma tormenta de fogo e aço desabou sobre eles. Começava a batalha de Ardenas, a derradeira contraofensiva de Hitler na Segunda Guerra Mundial.

Adolf Hitler, em 1945.

A esquina dos três países

A batalha de Ardenas, a batalha do Bolsão para os americanos, foi travada durante 35 dias do inverno de 1944, numa área que os alemães denominavam de *Dreilaendereche* (a esquina dos três países: Alemanha, Holanda e Bélgica). Caracterizou-se a contraofensiva alemã, pelo menos no seu começo, por ter provocado a mais completa surpresa nos aliados anglo-americanos.

Depois da marcha triunfal que haviam feito desde o desembarque na Normandia no Dia-D (6 de junho de 1944), colhendo vitória atrás de vitória sobre as forças alemãs em retirada, ninguém poderia esperar por aquilo. Não imaginava o Supremo Comando Aliado, nem o general Eisenhower nem seu parceiro britânico, o marechal de campo Montgomery, que a Alemanha Nazista, tendo sobre si a pressão dos exércitos soviéticos vindos do leste, ainda pudesse ter energia para a reação que então se verificou. Acima de tudo porque a Alemanha parecia estar devastada, arrasada por bombardeios diários operados pela USAF (Força Aérea Americana) e pela RAF (Royal Aire Force), que não cessavam de martelar os principais centros fabris e as vias ferroviárias com toneladas de bombas.

A situação da Alemanha em 1944

Nada poderia estar pior para o OKW (Comando Supremo da Wehrmacht) do que o segundo semestre do ano de 1944. Tudo desabava ao redor da Alemanha. Os soviéticos rumavam em direção a Berlim ao longo de uma frente de mais de 2 mil quilômetros. As três linhas de avanço dos russos eram comandadas ao norte pelo general Rokossovski, ao centro pelo general Zukhov e ao sul pelo general Koniev, que traziam consigo divisões que ultrapassavam 3 milhões de homens, além de milhares de tanques e peças de artilharia, cobertos por um número formidável de esquadrilhas de aviões de todos os tipos.

A grande ofensiva soviética, cercando ou dobrando as divisões da Wehrmacht, afinava-se ao entrar na Europa Central, concentrando-se em avançar em direção ao território alemão. O Exército Vermelho era um formidável rolo compressor, movido à fúria e desejo de vingança, esmagando tudo o que existia pela frente.

No outro lado, no Fronte Ocidental, por igual, tudo ia de mal a pior para os alemães. De agosto de 1944 em diante eles haviam perdido Paris e a maior parte das cidades belgas, tendo que buscar refúgio atrás da Linha Siegfried. Os bombardeios aliados sobre a Alemanha (que haviam sido reduzidos na época da invasão da Normandia de 35 mil t. para 21 mil t.) foram novamente incrementados, saltando para uma média de 52 mil t. por mês (entre julho de 1944 e abril de 1945). No ano de 1944, somente a RAF lançou 676 mil t. de bombas sobre o território alemão.

Não se tratava mais de buscar alvos estratégicos – como a rede ferroviária ou os centros industriais –, mas, sim, de punir e coagir a população civil alemã por ainda continuar resistindo (como foi o caso da destruição e incêndio da cidade de Dresden, ocorrida em fevereiro de 1945).

Efeitos do atentado de 20 de julho

Todavia, não era somente nos frontes externos que as coisas andavam ruins para o regime de Hitler. No dia 20 de julho de 1944, ele próprio viu-se alvo de um atentado. O coronel Conde Von Stauffenberg, um oficial do estado-maior de 37 anos, conseguira colocar uma bomba-relógio no abrigo onde Hitler estava, a *Wolfsschanze*, a Toca do Lobo, perto de Rastenburg, na Prússia Oriental, tentativa que fracassou, apesar da destruição que a explosão causou no interior do *bunker*.

O ditador, ainda que levemente ferido num braço, tirou conclusões muito particulares das razões da sua sobrevivência. Convenceu-se, mais ainda, de que ele tinha uma missão assinalada pela Providência para continuar guiando o povo alemão na guerra e que chegara a hora da mobilização completa dos mais amplos recursos nacionais para salvar a nação do desastre. Era o momento para a "*Totalen Kriege*, a "Guerra Total" (proposição defendida por Joseph Goebbels, o ministro da Propaganda do III Reich, em célebre discurso no *Sportpalast,* de Berlim, em 18 de fevereiro de 1943). Entre outras medidas, ordenou a convocação de todos os alemães válidos entre a idade dos 16 aos 60 anos de idade para ingressarem na *Volksturm*, a milícia civil.

Hitler então decidiu por lançar-se numa contraofensiva espetacular. Algo que, pela ousadia e o inesperado, tirasse a respiração do mundo. Aqueles que acreditavam que ele estava praticamente morto ficariam chocados, pois ele, o Führer, longe de quer render-se, ainda tinha forças para espernear. Equivocar-se-iam em pensar que a ofensiva seria "a involuntária agonia final de um homem à beira da morte" (M. Cooper, 1978, p. 518).

Como ele escreveu a um dos seus comandantes militares naquela ocasião: "Em hipótese alguma posso aceitar pensar que a guerra esteja perdida. Eu nunca na minha vida conheci o termo *capitulação.*"

Numa conferência com o general Alfred Jodl, seu assessor direto para a condução da guerra, realizada em 31 de julho de 1944, portanto 11 dias depois do fracassado atentado, ele fez menção a projetar um poderoso e relampejante contra-ataque na região de Avranches (na França), com o objetivo de reverter o resultado da guerra a seu favor (*Besprechung des Guehrers mit Generaloberst Jodl in der Wolfsschanze:* 31/07/1944).

Uma surpresa no fronte ocidental

A escolha da região de Ardenas para o desencadear da contraofensiva devia-se, entre outras considerações, ao fato de que lá se dera a espantosa vitória de maio de 1940, ocasião em que as divisões Panzers dos generais Heinz Guderian e Erwin Rommel, saindo da floresta, esmagaram a inútil resistência francesa.

Por conseguinte, Ardenas tornara-se um mito capaz de incendiar o imaginário do soldado alemão e fazê-lo, contra todas as expectativas, alcançar a vitória. "Ardenas!", pois, tinha um efeito eletrizante, um grito de guerra, uma expectativa de sucesso arrasador. Hitler quis repetir o feito de 1940, ainda que com menos da metade das divisões que contava então.

Além disso, ao contrário do fronte leste, imenso, o fronte ocidental era concentrado, possível de ver-se o impacto de uma contraofensiva fulminante. De logo ter-se uma resposta. Hitler chegou a ter expectativas, obviamente delirantes, de que a operação *Wacht am Rhein*, "Alerta no Reno", como a preparação para Ardenas foi designada, se bem conduzida (pondo cerco ao exército norte-americano ou colocando-o em desatinada fuga), poderia inclusive provocar um grande clamor nos Estados Unidos, com a população exigindo nas ruas a volta das tropas para casa. Ou então forçar a que Churchill e Roosevelt aceitassem entabular uma negociação de paz.

O Plano Jodl – Buttlar-Brandenfels

Atendendo aos desejos do Führer, o general Jodl e seu assistente, o general Horst von Buttlar-Brandenfels, estabeleceram um esboço geral para os derradeiros meses da guerra (Hitler fora avisado por Albert Speer, o ministro do Armamento, de que os recursos gerais para manter a nação ainda ativa só durariam por mais seis meses).

A Alemanha deveria concentrar-se na guerra no oeste; para tanto era preciso evacuar as divisões da Itália e da Escandinávia, concentrando-as todas no território alemão, para erguer a *Festung Deutschland*, a "Fortaleza Alemanha" regida pela Lei Marcial. O restante do pessoal da *Luftwaffe* (Força Aérea) e *Kriegsmarine* (da Marinha de Guerra) deveria ser colocado sob comando da Wehrmacht (do Exército), mobilizando-se por igual tudo o que fosse possível de ser usado, material e humano, no esforço de guerra.

Para garantir a superioridade absoluta sobre os aliados anglo-americanos foram destacados como força de choque três exércitos blindados, com diversas divisões SS-panzers equipadas, a maioria delas com os modernos tanques *Panther* – cerca de 600 no total –, contando com o apoio de 200 a 250 mil soldados sob o comando operacional do

Marechal Walter Model, sob supervisão do Marechal von Rundstedt.*

O deslocamento deles foi possível graças ao abastecimento de óleo de 4 milhões de galões, enquanto a munição, tirada da reserva especial do Führer, era secretamente transportada por 50 trens. Do outro lado, o OKW estimava que deveria haver em torno 80 mil americanos e britânicos.

A intenção última de Hitler, além de mostrar ao mundo que ainda tinha condições de combate, era ganhar tempo. O tempo suficiente, aproveitando-se do inverno, para que suas armas secretas pudessem ser aprontadas: a bomba V-2, o avião a jato e o submarino elétrico, com as quais ele esperava inverter o destino da guerra.

Sangue na neve

A área escolhida para o ataque alemão ia de Monschau até Echternach, nas Ardenas, bem mais de cem quilômetros de extensão. Um pouco antes das 6 horas da manhã do dia 16 de dezembro de 1944, o ataque começou. Nos primei-

---

* O marechal von Rundstedt deixou o seguinte depoimento sobre a Operação Ardenas: "Eu sempre objetei fortemente contra essa estúpida operação em Ardenas, chamada algumas vezes de 'ofensiva Rundstedt'. Eu não tive nada a ver com ela. Ela chegou a mim com todas as ordens detalhadas (Hitler ainda escreveu no plano com sua própria mão 'Para não ser alterado')...As forças colocadas à nossa disposição eram muito, muito, fracas para alcançar objetivos tão distantes... Era uma operação destituída de bom-senso, e a parte mais estúpida era a que colocava Antuérpia (o maior porto da Europa Ocidental) como alvo. Se nós conseguíssemos cruzar o rio Meuse nós deveríamos nos jogar de joelhos e agradecer a Deus" (Milton Schulman, Defeat in the West, 1947, p. 289-90, cit. P/M. Cooper).

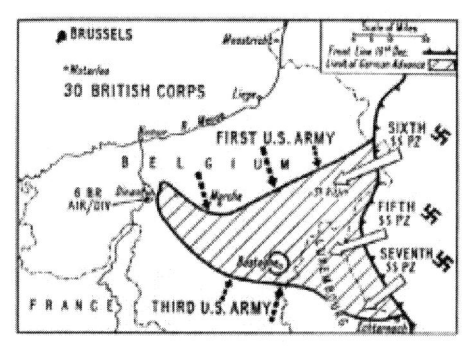

Mapa da batalha das Ardenas (dezembro-janeiro de 1944-5).

ros dias foi avassalador. Mesmo com a neve atrapalhando os movimentos, os tanques conseguiram abrir caminho em direção aos seus objetivos. O 6.º, o 5.º e o 7.º Exércitos de Panzers, liderados pelos generais "Sepp" Dietrich, von Manteuffel, e Ernst Brandenberguer, tinham objetivos distintos: o 6.º tinha como missão ocupar o lugarejo de Saint Vith (devido à importância das comunicações) e depois alcançar a Anvers (onde havia depósitos de carburantes para os blindados); o 5.º Exército deveria tomar Bastogne, centro ferroviário da região e dali seguir para Bruxelas; o 7.º devia proteger o flanco dos outros contra o III Exército americano, comandado pelo general Patton.

Até o dia 23 de dezembro o tempo ruim impediu que a aviação aliada entrasse em ação. Os americanos enviaram suas divisões em socorro dos que estavam cercados em Bastogne em caminhões ou até mesmo a pé, em marcha forçada pela neve. Lá, o general Anthony McAuliffe, comandante da 101.ª Divisão Aerotransportada, que recebera a missão de manter Bastogne, apesar de sitiado por dez dias seguidos, negara-se a se render aos alemães, mandando-os "para o inferno!".

A situação se inverte

Todavia, na véspera do Natal a situação da batalha mudou; o nevoeiro se foi e um céu aberto se fez presente. Logo a vantagem inicial alemã se evaporou. Milhares de aviões da USAF e da RAF entraram em ação. Nada do que se movia foi poupado. Os blindados alemães foram constrangidos a operarem apenas à noite, em meio ao gelo e à neve, o que praticamente os paralisou. Além disso, as reservas de carburante se exauriram. No dia 3 de janeiro de 1945, o Marechal von Rundstedt aconselhou os comandantes a organizarem a retirada. Mesmo assim, com a situação invertida, os alemães continuaram resistindo tenazmente.

A Luftwaffe, no começo de janeiro de 1945, ainda realizou uma investida-surpresa sobre 27 campos de pouso dos aliados, com enormes perdas de ambos os lados. No dia 18 de janeiro, 35 dias depois da batalha ter-se iniciado, ela encerrou-se oficialmente com o recuo das restantes das tropas alemãs na sua base original. Acumularam um perda de 1/3 dos soldados, cerca de cem mil entre mortos e feridos, 800 tanques destruídos e mil aviões derrubados.

Lições tardias de Ardenas

Uma das lições tiradas pelos generais alemães, ainda que tardia, particularmente para o general von Mellenthin, foi de que não se alcançava sucesso numa poderosa ofensiva de um exército blindado sem haver a devida superioridade aérea. Na avaliação do marechal von Rundstedt, a batalha das Ardenas, uma operação tola, irresponsável, somente serviu para que a Alemanha, à beira da exaustão total, esgotasse suas derradeiras reservas no fronte ocidental sem obter nenhum ganho. Ao contrário, facilitou ainda mais as coisas para Stalin, que, aproveitando-se do fato de 28 divisões alemãs estarem atoladas nas neves de Ardenas, ordenou a preparação de uma ofensiva de inverno a partir do dia 16 de janeiro de 1945. O historiador Matthew Cooper, por sua vez, disse que a batalha foi o derradeiro e mais desesperado lance, "a última loucura do mais irresponsável dos senhores da guerra que a história conheceu" (1978, p. 518).

Perdas da batalha

No total, 10.733 soldados americanos morreram, havendo ainda 42.316 feridos e 22.636 desaparecidos. Mais de dois mil veículos foram destruídos e 592 aviões foram abatidos. Os ingleses, mesmo sendo pouco atingidos pela contraofensiva, acusaram a perda de 1.400 soldados, 38.600 feridos e 30.582 desaparecidos. As perdas materiais somaram 550 carros de combate, 5 mil veículos e mil aviões, havendo ainda perdas entre a população civil belga, cerca de 2.500 mortos e 11 mil feridos.

A morte de Hitler

Em recente exposição organizada em Moscou, as autoridades russas expuseram uma parte superior do que se supõe ser o crânio de Adolf Hitler, ditador da Alemanha entre 1933 e 1945, que se suicidou no dia 30 de abril de 1945. Leia sobre os últimos dias que antecederam a sua morte.

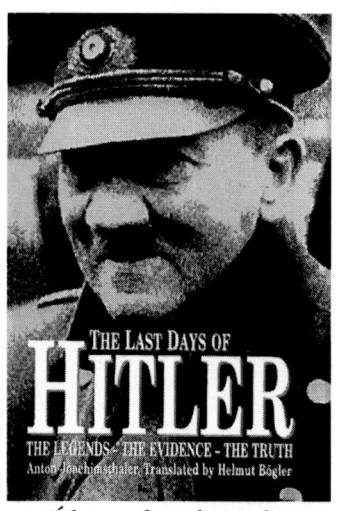

Última foto de Hitler.

"Se não chegarmos a triunfar não nos restaria senão, ao soçobrarmos, arrastar conosco metade do mundo neste desastre."
Hitler a H.Rauschning, *Gesprache*.

O ambiente no *bunker* era tenso, sufocante. Fazia mais de cem dias, entre entradas e saídas, que um pequeno grupo de funcionários, oficiais e oligarcas nazistas estavam lá entocados como lobos acuados ao redor de Adolf Hitler. Construída nos jardins da Chancelaria do Reich, em Berlim, a casamata tinha a função de protegê-los dos ataques aéreos aliados que devastavam a capital da Alemanha.

Acentuando ainda mais a situação troglodita e claustrofóbica em que viviam, chegou-lhes a notícia de que o Exército Vermelho estava às portas. No dia 18 de abril de 1945, uma colossal frente de carros blindados, tanques, canhões e aviões esparramou dois milhões e meio de soldados russos para as cercanias da cidade. Mais de um milhão deles combateram uma espetacular batalha de ruas, contra as derradeiras forças da resistência alemã. Ao preço de 300 mil baixas, os soviéticos penetraram na capital do Reich por todos os lados.

Foto do fantasmagórico bunker *de Hitler.*

A última aparição de Hitler

Hitler ainda recebeu alguns convidados mais próximos para a celebração do seu aniversário em 20 de abril. Há uma foto dele na ocasião. Com a gola do capote levantada, ele cumprimenta do lado de fora da Chancelaria do Reich destruída alguns jovens garotos da juventude hitlerista que haviam se destacado na defesa desesperada da cidade.

Ele estava uma ruína humana. Os últimos acontecimentos lhe haviam retirado a seiva. Sua tez acinzentou-se, o rosto encovou-se e os olhos adquiriram uma opacidade de semimorto.

Para consolá-lo e sacudi-lo da letargia depressiva em que se encontrava, Joseph Gobbels, seu ministro da Propaganda, lia-lhe diariamente trechos da *História de Frederico, o Grande*, de Carlyle, especialmente a passagem onde é narrada a milagrosa salvação daquele capitão de guerra prussiano na Guerra dos Sete Anos (1756-63), quando escapou do destino dos derrotados devido a um desacerto ocorrido entre seus inimigos.

A determinação dele de ficar em Berlim e travar a batalha final foi tomada numa reunião no dia 22. Inspirando-se na tradição nórdica do herói que morre solitariamente num último combate, ou no sepultamento do guerreiro viquingue incinerado no seu barco de comando, Hitler comunicou a todos a intenção de comandar pessoalmente as operações.

Recebeu, porém, telefonemas de alguns seguidores e de outros generais que instaram para que se retirasse enquanto havia tempo. Ele se manteve intransigente. Ninguém o arrastaria para fora da liça.

O atentado de 20 de julho e o desencanto

Uma das razões, mais remotas, da aparência cinzenta e desencantada de Hitler resultou do choque que ele teve, nove meses antes, do atentado cometido contra a sua vida.

Naquela ocasião, no dia 20 de julho de 1944, um grupo de conspiradores, quase todos altos membros da hierarquia militar e integrantes da nobreza alemã, conseguiram fazer com que o coronel do estado-maior Conde Claus Schenk von Stauffenberg, colocasse uma bomba no quartel-general do Alto Comando.

O artefato explodiu na sala de reuniões onde Hitler estava presente, mas apenas provocou pequenas escoriações nele. Refeito do susto, o ditador ordenou uma caçada em massa contra todos os envolvidos, que terminaram executados depois de serem sumariamente condenados à morte num Tribunal Popular.

Outro motivo provável que levou Hitler a desejar suicidar-se, e, em seguida, ser incinerado, decorreu da notícia que recebera do destino infausto do ditador fascista Benito Mussolini. O *Duce* fora capturado em Dongo, no norte da Itália, por *partisans* comunistas, e seu corpo foi exposto, pendurado de cabeça para baixo num posto de gasolina em Milão, junto ao da sua amante Claretta Petacci, em 28 de abril de 1945. Hitler temia que seu cadáver fosse profanado ou levado como troféu de guerra para a URSS.

O casamento e uma traição

Poucos dias depois de ter tomado a decisão definitiva, resolveu formalizar sua união com Eva Braun, encomendando um casamento de emergência dentro do abrigo. O casal decidira pôr fim à vida juntos. Hitler tinha-se mantido solteiro, até então, em nome da mística que sua solitária figura messiânica exerce sobre o povo alemão. O salvador não poderia ser um homem comum, com esposa e filhos, envolvido pela contabilidade doméstica, e na rotina matrimonial burguesa.

Teve ainda um espumante ataque de fúria quando soube (ele, mesmo nos estertores, ainda era informado de tudo), que Heinrich Himmler, o *Reichsführer SS*, havia, às suas costas, à socapa, contatado com o legatário sueco, o conde Bernadotte, para negociar uma paz em separado com os exércitos ocidentais, que avançavam Alemanha adentro vindos do rio Reno. Numa das suas derradeiras ordens, determinou a expulsão sumária dele do Partido Nazista, exonerando-o de todos os cargos de chefia. Mas àquela altura de nada adiantava.

O momento final

No dia 29 de abril, deu-se a reunião final. O general Weidling, governador militar de Berlim e comandante da LVI Panzer Corps, ainda aventou a possibilidade de uma escapada pelas linhas soviéticas, mas Hitler o dissuadiu. Não tinham nem tropas, nem equipamento, nem munições, para qualquer tipo de operação. Era ficar e morrer!

O Führer então despediu-se formalmente das pessoas mais próximas que ainda o seguiam até aquele momento. Pressentindo o suicídio, os que estavam no *bunker* reagiram de uma maneira inesperada. Muitos, após colocarem discos na vitrola, puseram-se a dançar, e alegremente, confraternizaram com os demais, como se um esmagador peso, repentinamente, tivesse sido removido de cima deles. O fascínio de feiticeiro que Hitler exercera sobre eles cessara como que por encanto.

Depois do almoço, no dia 30 de abril, trancou-se com Eva Braun nos seus aposentos. Ouviu-se apenas um tiro.

Quando lá penetraram, encontraram-no com a cabeça estraçalhada à bala e com a pistola caída no colo. Em frente a ele, em languidez de morta, estava Eva Braun, sem nenhum ferimento visível. Ela ingerira cianureto, um poderosíssimo veneno. Eram 15h30. Rapidamente os dois corpos, envolvidos num encerado, foram removidos para o pátio e, com o auxílio de 180 litros de gasolina que os embeberam, foram incendiados, uma vigorosa pira. Ao redor deles, uma silenciosa saudação fascista prestou-lhes a homenagem derradeira.

Berlim, o mausoléu de Hitler

Berlim 1945, o mausoléu de Hitler.

Lá fora, a capital do III Reich também ardia num colossal braseiro. Monumentos, prédios públicos, palácios, edifícios, casas, praças e avenidas pareciam um entulho só. Os sobreviventes, apavorados com o terrível rugido dos canhões e das bombas, que lhes soavam como se fosse o acorde final do *Gotterdammerung*, o wagneriano "Crepúsculo dos Deuses", acreditavam que a hora do apocalipse chegara. Berlim, com 250 mil prédios destruídos, virara um cemitério lunar.

A grande cidade, transformada em ruínas, assemelhava-se a um fantástico mausoléu erguido pela barragem de fogo aliada para sepultar uma das monstruosidades do século.

Naquelas condições tétricas, Albert Speer, arquiteto favorito de Hitler e ministro do Armamento, teve a ideia de encomendar o último concerto do regime, pedindo ao maestro Wilhelm Furtwängler, dirigente da Orquestra Filarmônica de Berlim, que executasse a Oitava Sinfonia de Anton Bruckner em meio a um auditório em escombros. E, para pôr término em tudo, reservou-se para o final o *Gotterdamerung*, a "Queda dos Deuses", de Richard Wagner, que registra musicalmente o mito do fim do mundo.

Hitler suicidou-se aos 56 anos e o seu regime, que segundo seus propagandistas mais pretensiosos, como Alfred Rosemberg, deveria ser o Reich de Mil Anos, naufragou em meio ao fogo e à destruição doze anos depois de ele ter assumido a chancelaria da República Alemã, em janeiro de 1933.

Hitler, o destino da Alemanha

Escrevendo entre as ruínas da Alemanha dilacerada e completamente destruída, coube ao ilustre historiador Friedrich Meinecke refletir sobre o desastre que varrera o seu país de cima a baixo. O resultado foi um pequeno ensaio intitulado *A Catástrofe Alemã* (*Die Deutsches katastrophe*), que se tornou famoso, publicado em 1946. Ele procurou atribuir à tradição do militarismo prussiano conjugada à rápida industrialização que a Alemanha conheceu a partir de 1870 e à fraqueza geral da classe média o sucesso dos nazistas: a conjugação da tradição belicosa, com a economia modernizada e a insegurança social, resultou num efeito maligno cujo produto final foi Adolf Hitler. Enquanto alguns outros historiadores apontaram o surgimento do ditador como uma anomalia imprevista na história nacional alemã, Meinecke insistiu que as raízes do nazismo estavam encravadas no passado nacional mais ou menos recente.

Tanto que, seguindo na mesma trilha, surgiram mais tarde os defensores do *sonderweg*, cujo maior expoente foi o historiador Hans Ulrich Wehler, adepto da história como ciência social e que se lançara na obra *História da Sociedade Alemã* (*Deutsche Gesellschaftsgeschichte*), um trabalho gigantesco em 5 v. (1987-2008), para, minimizando a importância da política, restaurar as conexões entre os diversos elementos que entram em conluio para produzir o fenômeno histórico (econômicos, sociais, culturais, científicos, diplomáticos, etc.).

Wheler encontrou a chave do problema do sucesso do nazismo mais para trás, na época da formação do II Reich, quando, entre 1864 e 1870, o estado bismarckiano foi instituído após sucessivas vitórias militares (contra Dinamarca, contra a Áustria-Hungria e contra a França). Isso projetou definitivamente a elite rural prussiana dos *junkers* como a condutora dos assuntos alemães. De origem aristocrática, com hábitos e mentalidades feudais, ela se tornou hegemônica, abarcando as principais posições na alta burocracia, no exército e na diplomacia, provocando um estranho paradoxo.*

Ao tempo em que o processo de modernização revolucionava a economia alemã, tornando-a uma das mais avançadas do mundo, com seus poderosos cartéis do aço e do carvão, suas superestruturas sociopolíticas continuavam presas ao passado, dando importância à heráldica, à estreita hierarquia de classes ao sistema de castas. Que continuou sobrevivendo mesmo depois da implantação da República de Weimar e a promulgação da Constituição democrática de 1919.

A burguesia alemã e as classes médias, seus setores mais dinâmicos e empreendedores, ficaram completamente subordinados ao aparato semifeudal que governava o II Reich. Bem ao contrário do que ocorrera na Grã-Bretanha e na França, onde foi exatamente o setor industrial, comercial e financeiro quem assumiu as rédeas da condução das coisas públicas de um modo geral.

---

* Situação esta que nos faz lembrar a observação do Conde de Mirabeau quando da sua viagem à Prússia, no século XVIII, mostrou-se espantado pelo predomínio dos uniformes, observando que "não era um país que tinha um exército; era um exército que tinha um país.

Por conseguinte, na Alemanha Guilhermina (1871-1918), a elite dominante com seus horizontes limitados pela feudalidade e pelo reacionarismo ficou à margem do processo de modernização, que somente se estendeu para a área econômica e tecnológica, gerando uma espécie de tensão permanente entre a sociedade tradicional pré-moderna em confronto com o capitalismo emergente, burguês e avançado, que somente foi sublimada momentaneamente pela entrada na guerra.

A Germanidade

Além disso, o sistema constitucional de Bismarck havia estimulado o sentimento de Germanidade (*Deutschtum*), que levou a uma política de classificação e de exclusão da cidadania das minorias (judeus, poloneses, alsacianos, católicos e social-democratas, etc.). Todavia, talvez o pior legado dessa modernização imposta de cima pela presença da formação militar bem-sucedida – a via prussiana para o desenvolvimento –, tenha sido a manutenção da mentalidade alemã arcaica e anti-iluminista que tornara o princípio da autoridade um mandamento absoluto e inquestionável.

O extraordinário valor dado à ordem, à disciplina, ao ritual castrense, ligado ao desprezo pela democracia, terminou por pavimentar a vitória da ideologia do nacional-socialismo e à implantação do Estado do Führer.

Hitler, ao organizar as marchas da milícia da SA pelas ruas do país conduzidas em formação marcial, desfilando ao ritmo dos sons das bandas, sabia que tocava fundo no sentimento dos seus concidadãos. A isso acrescentou o discurso da "Revolução da Ordem", a promessa que chegaria ao poder pelas urnas e não pelas armas e que tudo se processaria dentro dos dispositivos legais.

Quando ocorreu a cerimônia para celebrar o dia da unidade nacional em Potsdam, nas proximidades de Berlim, em 21 de março de 1933, cenário que abrigava as tumbas dos imperadores alemães, o que se viu foi uma liturgia de transmissão de poderes e de geração na qual a velha Alemanha, representada pelo marechal-presidente Paul von Hindemburg, abençoava o novo chanceler, o homem saído do povo, o ex-cabo da I Guerra Mundial Adolf Hitler, que chegara ao governo liderando o Movimento Nazista. O líder revolucionário colocava-se daquele modo como herdeiro das tradições alemãs, um continuador e seu transformador.

Wehler também chamou a atenção de que o novo regime por igual manteve a vocação imperialista do II Reich, o discurso da necessidade da expansão. Para ele essa posição devia-se a uma estratégia da monarquia germânica para obter a coesão interna ao redor do trono dos Hohenzollers e desviar as atenções populares das demandas por democracia e maior participação nos assuntos públicos.*

Aventuras externas, como aquelas provocadas pelo *kaiser* Guilherme II antes da deflagração da Guerra de 1914, tinham a função ilusionista ao mesmo tempo em que exacerbavam o espírito nacionalista e patriótico do povo alemão. O imperialismo era uma espécie de ópio que mantinha os súditos acomodados e satisfeitos, exultantes quando o Rei-

---

* Ver Hans Ulrich Wehler. *Gesellschaftsgeschichte: Vom der Deutschen Doppelrevolution bis zum Beginn des Ersten Weltkrieges, e também a sua continuação Vom Beginn des Ersten Weltkrieges bis zur Gründung der Beiden Deutschen Staten (1914-1949).*

ch conseguia arrancar um naco de terra de algum território do além-mar.

Desse modo, a Alemanha abriu um caminho peculiar – o *Sonderweg* – no cenário europeu. Distinguia-se tanto da democracia *vulgar* imperante nos países da Europa Ocidental, como também se afastava da autocracia czarista que reinava na Rússia. A síntese disso foi o regime nazista no qual as massas democráticas se submetiam voluntariamente à vontade do líder plenipotenciário, unindo-se na construção de uma única comunidade racial, nacionalista e imperialista.

Hitler, continuidade e reação a ele

Ainda que derrotado e morto em abril de 1945, verificou-se que certas proposições abraçadas por Adolf Hitler, e com ele identificadas, lhe sobreviveram por largo período no pós-guerra. Entre elas, o ardor anticomunista, rapidamente assumido pelos Estados Unidos e seus aliados ocidentais, que, quase em seguida ao final da guerra, trataram de formar a OTAN (Organização do Tratado do Atlântico Norte), em 1948, confederação militar que veio substituir a função que Hitler desejou assumir com seu Império Ariano antissoviético, instituído para deter a "horda vermelha".

Continuidade do anticomunismo

Na mesma época, desencadeou-se o Movimento Mcarthista na América do Norte, que, por meio do Comitê de Atividades Antiamericanas, mais ou menos atuou no modelo dos expurgos nazistas, notabilizando-se por constranger, perseguir e afastar da vida pública e da atividade civil todo aquele que era apontado como *comunista* ou similar, recorrendo inclusive ao sistema da delação premiada, como foi comum no Terceiro Reich, para melhor executar o intento. Ou ainda a Lei Taft-Hartley, de junho de 1947, que obrigava as lideranças sindicais a prestar juramento de *não comunistas*.

Por toda parte onde a influência norte-americana se fez sentir, particularmente na América Latina, o mesmo espírito intransigente de "caça aos vermelhos" foi adotado, seguido de condenações, prisões e assassinatos seletivos das lideranças, acompanhados pela suspensão dos direitos civis e da liberdade de palavra e organização política e sindical.

Permanência do racismo

O mesmo pode-se verificar na continuidade da afirmação do racismo. A população negra norte-americana, especialmente nos Estados do sul do país, mantinha-se excluída da cidadania e das vantagens daí decorrentes. Negros não votavam, não podiam inscrever-se nas escolas públicas de melhor qualidade, não eram aceitos nas universidades e, além de habitar bairros segregados, eram obrigados a viajar na parte separada dos ônibus municipais e interestaduais.

Também havia, tanto no Tennessee como no Alabama e na Geórgia, banheiros e bancos públicos para os *only for coloreds*, isto é, somente para os negros. No exército e demais armas, tal discriminação somente foi revogada em 1948, por um decreto especial do presidente Harry Trumann.

O início da integração racial somente deu os primeiros passos pela Lei dos Direitos Civis, aprovada em 1964, pelo presidente Johnson, quando, aí sim – quase vinte anos depois da morte de Hitler –, aos poucos, foram sendo removidos os entraves proibitivos aos negros nos vários Estados americanos.

Insistência do colonialismo

Métodos de brutalizar as populações de que tanto os nazistas foram acusados continuaram a ser praticados pelas potências colonialistas europeias quando se viram ameaçadas por movimentos nativistas logo que a Segunda Guerra Mundial se encerrou.

Basta lembrar o massacre praticado pelos franceses contra os árabes em Setif, Guelma et Kherrata, no departamento de Constantina, na Argélia francesa, quando, em 8 de maio de 1945, exatamente no dia da capitulação dos nazistas, ocorreu uma violenta altercação de rua que degenerou num assassinato em massa dos *nativos*.

Estimou-se que no grave incidente tenham morrido entre 8 mil e 45 mil, números de dar inveja a qualquer chefe de operações da SS, tendo a repressão se intensificado na tentativa de liquidar com a Frente de Libertação da Argélia (FLN) até o acerto que levou a Argélia a conquistar a independência em 1961, ao preço de milhares de mortos e torturados.

Não é muito diferente das intervenções desencadeadas pelo exército francês na Indochina na inútil tentativa de reconstruir o Império Colonial francês no pós-guerra, manobra que se viu frustrada pela derrota militar da legião estrangeira e dos paraquedistas a mando de Paris na batalha de Dien Bien-Phu, vencida pela guerrilha comunista do então Vietmin, no dia 7 de maio de 1954.

Os britânicos não deixaram por menos no esforço de esmagar o Movimento Mau-Mau no Quênia e os levantes nacionalistas na Malásia, Cingapura e Birmânia nos anos de 1950, ao tempo em que mantiveram, mesmo depois da guerra findada, parte considerável da liderança indiana que lutava pela independência em prisões (Gandhi, depois Nehru, e tantos outros mais), somente os libertando para negociar a autonomia definitiva em 1947.

Em suas possessões africanas, belgas e portugueses se empenharam na repressão ao africanismo insurgente, em guerras de guerrilhas no Congo, em Angola e Moçambique e também na Guiné-Bissau, que se estenderam uma até os começos dos anos de 1960 e a outra somente se encerrando em 1975.

Em todos esses conflitos citados, subjazia o conceito hitlerista da superioridade do homem branco europeu – raça de senhores – sobre os nativos. Ainda que os colonialistas preterissem esse tipo de linguagem, na prática agiam em concordância com a política similar do nacional-socialismo, somente que aplicada fora do continente europeu.

Esse princípio se manteve a ferro e fogo na África do Sul pelo regime do Apartheid mantido pelos colonizadores anglo-batavos e apoiado internacionalmente pelas nações ocidentais em nome do "combate ao comunismo", no qual 1/5 de brancos dominavam inteiramente o país até os acordos de 1989-1990.

Nessa ocasião, por eficácia da pressão mundial ao término da Guerra Fria, permitiram a libertação de Nelson Mandela (aprisionado por trinta anos na Ilha Robben, cercada por tubarões), líder do Congresso Nacional Africano, e a gradativa desmontagem do Estado Racista. Portanto, os ideais de Hitler por lá ainda tiveram uma sobrevida de 45 anos após seu desaparecimento.

Era um impressionante e constrangedor paradoxo que os mesmos políticos europeus que lutaram na Holanda, na Bélgica e na França para livrar-se da ocupação nazista, invocando o direito à liberdade e a autodeterminação dos povos, não se sentissem constrangidos, quando no poder, em reprimir esses mesmos direitos, ditos *universais*, ao serem demandados pelos povos do Terceiro Mundo, com funestos resultados para estes últimos, como foram os casos dos exemplos acima citados.

Por conseguinte, o anticomunismo, o racismo e o colonialismo, o tripé da sustentação ideológica do hitlerismo, continuaram a modelar por muitas décadas, com mais ou menos intensidade, o comportamento das potências vencedoras de 1945.

A maioria das nações europeias, mesmo que tivessem repelido de público e nos foros mundiais o discurso nacional-socialista da exclusão e da justificativa da dominação, ainda continuaram por largo tempo identificadas com a ideia fixa da superioridade ocidental sobre tudo o mais.

A Revolução Cultural dos anos sessenta

A verdadeira e profunda reação a um conjunto de valores e preconceitos identificados com o nazismo e com a visão de mundo de Hitler somente começou a produzir efeitos a partir da Revolução Cultural desencadeada na década dos anos sessenta em várias partes do mundo ocidental, particularmente na França e nos Estados Unidos. A luta pelos direitos civis engendrou a explosão do movimento feminista e dos direitos das minorias.

Para os nazistas o destino das mulheres estava limitado a "crianças, cozinha e igreja" *(Kinder, Küche, Kirche)*, não aceitando que elas fossem inseridas no mercado de trabalho com direitos iguais aos dos homens.

Para os eugenistas, elas eram essencialmente seres reprodutores que deveriam manter-se saudáveis para aumentar a prole sadia, sendo orientadas apenas para uma formação convencional e de pouca escolaridade.

Assim era o que determinava a Lei do Encorajamento Matrimonial, aprovada em 1933, que premiava a que tivesse filhos com 250 marcos para cada rebento. A Cruz de Honra para a Mãe Alemã era dada à que chegasse a quatro ou mais filhos (estímulo igualmente imitado pelos brancos da África do Sul durante o Apartheid).

Como Hitler insistiu numa declaração à Organização das Mulheres Nacional-Socialistas, em 1934, o mundo feminino circunscrevia-se "ao marido, a sua família e crianças, e ao seu lar".

Entre os nazistas não havia empenho para elas cursarem universidade ou se consagrarem como profissionais respeitáveis no mercado de trabalho, exatamente o oposto com o que se vê nos dias de hoje.

O feminismo, tendo um dos seus marcos na obra de Simone de Beauvoir – *O Segundo Sexo*, de 1948 –, promoveu a mais radical revolução dos costumes contemporâneos, projetando o destino da mulher moderna totalmente oposto à concepção dos nazistas.

Além disso, elas se tornaram cidadãs com direito a voto em praticamente todos os países ocidentais, sendo desde então eleitas ou indicadas para todas as posições dos poderes constituídos.

Os homossexuais, por sua vez, violentamente perseguidos no regime hitleriano, chegando muitos deles a serem enviados aos campos de extermínio, onde eram, antes de serem gaseados, constrangidos a fixar uma estrela cor de rosa nos seus pijamas de prisioneiros, hoje gozam de um estatuto de liberdade (calcula-se que 50 mil condenados), todavia os que foram realmente encarcerados chegaram a uns 15 mil.

Também podem contrair matrimônio e adotar crianças, não se permitindo mais as constantes práticas de abusos com que eram comumente tratados na sociedade ocidental. Símbolo maior dessa transformação da Alemanha é o Dia do Amor em Berlim e o Christopher Strasse Day, ocasiões em que nos dias atuais milhares de homossexuais desfilam pelas avenidas da capital alemã, em meio a uma imensa celebração dionisíaca, onde outrora se via o passo de ganso dos super--homens das divisões nazistas.

As leis de repressão ao homossexualismo foram uma a uma sendo derrogadas no Ocidente, inclusive nas Forças Armadas Norte-Americanas (como foi a assinada nos Estados Unidos pelo presidente Barak Obama).

Na Grã-Bretanha, foi abolida a antiga norma que considerava o homossexualismo crime sujeito a prisão. Onde esse tipo de legislação discriminatória ainda existe, na prática se tornou letra morta.

O mesmo ocorreu com o exclusivismo racial e étnico enfatizado por Hitler que fazia com que só se exaltasse o que fosse *volkish*, popular-alemão ou ariano, preferência que culminou nos desfiles centrados na mitologia germânica pré--cristã em defesa da "pureza da cultura", como se deu no Dia da Cultura Alemã, em Munique, em 1938, o *Tag des Deutsches Kultur*, e cuja representação arquitetônica se fazia pela Casa da Cultura Alemã.

A xenofobia cultural tem sido evitada nos dias correntes, pela ênfase no multiculturalismo, com a valorização das expressões artísticas e estéticas distintas e o declínio da crença numa "cultura superior a todas as demais".

Die Monumentalbauten des Führers

Unser Führer ist im doppelten Sinne Baumeister. Er gab unserem Reiche wieder tragfesten Grund und er mauert es sturmfest und stolz in die Macht. Er lebt aber auch mit besonderer Liebe die gigantische Größe seiner Ideen zur Ausgestaltung der deutschen Lande und Städte in steinerne Wirklichkeit um.

Das Haus der Deutschen Kunst

A estética nacional-socialista admiradora do neoclassicismo e do convencionalismo acadêmico deu lugar a uma outra estética, senão que a sua abolição por completo. A arte contemporânea chegou aos extremos de se negar como arte, sendo talvez a representação mais dramática e radical do horror ao intervencionismo do estado totalitário, situação que, por outro lado, a isolou do grande público.

O discurso de Hitler na valorização da força física e da boa composição atlética dos indivíduos de ambos os sexos que conduzia à repulsa ou indiferença para com os debilitados, redundou hoje numa política contrária, apoiadora dos deficientes físicos e mentais, procurando sua inserção na sociedade e não seu confinamento e exclusão.

Ao invés de gasear ou deixar os retardados mentais morrerem de inanição, por influência da obra anarco-libertária de Michel Foucault, os manicômios foram fechados e a maioria deles colocados nas ruas ou ao encargo das famílias.

A ideia da ordem tão exaltada pelo Führer e sua paixão pelo uniforme e pelos rigores da disciplina por igual engendrou seu revés. Em largas partes do mundo ocidental aboliu--se o uniforme escolar e os que antes identificavam as profissões. Tirante os militares, motoristas de ônibus e de trens, taxistas, porteiros de edifícios, praticamente são poucos os que ainda são obrigados a se apresentarem com eles na sociedade.

A multiplicidade do modo de se vestir e a lógica do apelo ao consumo constante colocou-se em franca oposição ao uso do uniforme, porque nos dias correntes, antes de tudo, impera a informalidade e o questionamento senão que o abandono da hierarquia, havendo inclusive o declínio gradativo do uso do terno e da gravata.

Entre os jovens das sociedades liberais ocidentais de hoje, o que se vê em matéria de trajes é a desconstrução. Nada de camisas passadas ou engomadas ou calças frisadas e com barras costuradas. Muito menos cabelos alinhados, fixos e bem penteados. Aboliu-se por igual a preocupação com a combinação e a harmonia das cores. Veste-se qualquer coisa. Nada tem a ver com nada, num império da informalidade dominado preferencialmente pelo brim e pela camiseta.

Portanto, foram os costumes e a cultura os tópicos em que mais se sentiu a distância do mundo que Adolf Hitler considerava como o ideal.

O que, por igual, diz respeito indiretamente à exposição da filosofia de Nietzsche, inspiradora do Führer, com sua ênfase no indivíduo excepcional, no herói hostil à vontade das massas, que repelia a democracia, o feminismo e o socialismo.

Impacto na historiografia

As atrocidades identificadas com o regime nacional-socialista tiveram enorme impacto emocional, estendendo-se às questões historiográficas de uma maneira geral. Não só se ampliaram enormemente as pesquisas, os estudos e os levantamentos sobre a perseguição aos judeus e ao Holocausto (testemunhos escritos, filmes e documentários encarregaram-se de divulgar junto ao grande público as perversidades cometidas durante aquele processo de perseguição e extermínio), como se abriram outros continentes sobre o estudo de situações históricas de opressão que foram desde então postos à luz.

Entre eles, a narrativa dos tormentos padecidos na Idade Média pelos réus acusados de heresia pelo Tribunal do Santo Ofício, fazendo com que a Inquisição se visse alvo de inúmeras investigações. Os estudiosos dedicaram-se a reconstruir os procedimentos jurídicos e litúrgicos então empregados pelos eclesiásticos no esmagamento daqueles que de alguma forma se opunham à soberania do clero católico e da autoridade de Roma.

Estenderam-se também os estudos dedicados à violência da colonização europeia praticada contra as populações autóctones do Novo Mundo, tendo como um dos clássicos do assunto o livro *Las Armas de la Conquista de América*, de Alberto Salas, de 1995, que é um sumário das técnicas perversas e dos métodos atrozes cometidos contra o gentio ameríndio, bem como detalhados levantamentos sobre os efeitos gerais da ocupação (transmissão de doenças, expropriações, migração forçada, campos de confinamento, reservas miseráveis, superexploração do trabalho indígena, etc.) e o "vazio demográfico" que ela causou nas antigas civilizações asteca, maia e inca.

Com o surgimento do moderno Movimento Feminista multiplicaram-se as obras que denunciaram não tão somente as diversas formas de maus-tratos e ausência de direitos por parte das mulheres nas sociedades pré-modernas, como também a exposição da ferocidade da perseguição às feiticeiras na Idade Média, com seu caudal de torturas e sevícias outras que as infelizes mulheres acusadas de feitiçaria padeciam.

Também têm sido repudiadas com veemência crescente as mutilações sexuais e punições aviltantes que as mulheres sofrem em outras culturas que não as ocidentais, havendo uma generalizada inconformidade com a sobrevivência de tais práticas e abusos.

Direitos civis

A luta encabeçada pelo reverendo Martin Luther King pelos Direitos Civis dos negros norte-americanos, nos anos 50 e 60, por sua vez, produziu intensas pesquisas sobre "o grande e silencioso segredo do Ocidente" que foi a escravidão e o tráfico de escravos. A situação dos cativos africanos inseridos à força na vida socioeconômica das Américas desde os tempos coloniais e a brutalidade com que eram tratados e castigados tem sido rigorosamente averiguada.

Descobertas de maus-tratos, mutilações e linchamentos executados por autoridades ou senhores de escravos têm sido apurados em vários países das Américas por pesquisadores de diversas universidades (ver o volumoso livro de Hugh Thomas – *The Slave Trade*, 1997).

O sofrimento da senzala, enfim, tem sido exposto num número impressionante de livros publicados tanto nos Estados Unidos como na Europa, com reflexos nos países latino-americanos.

Disso tudo brotou uma nova cultura bem pouco tolerante com a sobrevida de certos preconceitos e uma radical rejeição de tudo aquilo que possa ofender a dignidade humana, seja de quem for ou onde for, particularmente das minorias.

Quadro histórico da ascensão e queda do nazismo na Alemanha

Datas	Acontecimentos
1918-1919	Alemanha assina armistício. Kaiser Guilherme exila-se na Holanda. Revolta dos marinheiros em Kiel e greves generalizadas. Situação pré-revolucionária. Formação de um governo provisório – a Coalizão de Weimar – com social-democratas moderados (F. Ebert e F. Scheidemann), Centro Católico e Partido Democrata alemão (liberal).
1919	Constituição de Weimar (julho). Sufocamento da revolta da extrema esquerda (os Espartaquista), assassinato de Rosa Luxemburgo e Karl Liebcknecht. Alemanha é constrangida a assinar o Tratado de Versalhes; pesadas sanções territoriais, econômicas e militares sobre o pais, além de pagar indenizações de guerra. Fundação do NSDAP (Nationalsozialistishes Deutsches Arbeiten Partei); Hitler ingressa nos seus quadros.
1923	Tragédia econômica na Alemanha. Com a ocupação do Ruhr pelos franceses e a necessidade de pagar as reparações de guerra, o marco desaba. Inflação galopante, uma das maiores da história. Hitler e seu partido, inspirados pela Marcha sobre Roma de Mussolini, na Itália, em 1922, tentam assaltar o poder em Munique (o *Putsch* da cervejaria). Hitler é condenado a um ano de prisão em Landsberg, na Bavária.
1925	Publicação de *Minha Luta* (*Mein Kampf*), bíblia do movimento nazista. Alemanha vítima de uma conspiração judaica. Projeto de reunificação política alemã para dar início à política do espaço vital (*Lebensraum*).

(Continua)

(Continuação)

	Declaração de guerra ao comunismo e ao socialismo e profundo desprezo pela República Democrática de Weimar. Reorganização do partido após a saída da prisão, ênfase na propaganda e na organização. A SA e a SS tornam-se os pilares da sustentação do movimento de massas.
1926-1929	Plano Dawes ajuda a recuperar a economia alemã. Período de estabilidade. Nazistas não perfazem mais do que 3% do eleitorado. Em outubro de 1929 tem início a grande depressão. Nos anos seguintes, a Alemanha terá 6 milhões de desempregados. Colapso econômico provocará a ascensão dos extremistas da direita. Vitórias eleitorais dos nazistas.
1933	Hitler indicado como Chanceler da República, assume num gabinete de coalizão. Queima de livros em Berlim (literatura "não alemã" é publicamente incinerada). Atentado contra o Reichtag. Hitler pede plenos poderes. "Sim, somos bárbaros". Oposição é encarcerada, sindicatos fechados, imprensa censurada. Partido Nazista torna-se o único legal na Alemanha. Política da *Gleischaltung* (Alemanha dividida em *Gaus*, administradas por *gauleiters* nazistas).
1934-1936	Hitler dá início à recuperação econômica da Alemanha (autoestradas, rearmamento, Volkswagen), rompe com Versalhes (rearmamento alemão). Elimina a oposição interna (*Noite das facas longas*) e obriga o Exército ao juramento pessoal de fidelidade. Um plebiscito o consagra como chefe de estado. A base jurídica do regime é o princípio do Führer (*Führerprinzip*). O estado controla totalmente a sociedade. Nazificação da Alemanha. Hitler ordena a reocupação militar da Renânia e envia a Divisão Condor para auxiliar o general Francisco Franco na Guerra Civil espanhola.

(Continua)

(Continuação)

1936-1939	Olimpíada de Berlim. Ponto alto do regime nazista. Hitler assina o Pacto Anti-Comintern, com Itália e Japão, contra a URSS. Acordo de Munique: capitulação dos aliados ocidentais (França e Inglaterra) em Munique. Entrega da Tchecoslováquia. A Noite dos Cristais *(Kristalnacht)* dá início ao grande *pogrom* antissemita. Política da eugenia executada pela secretaria especial. Primeiras experiências com morte por gazeamento dos doentes mentais.
1939	Hitler celebra em 20 de abril, com grande fausto militar, o seu aniversário de 50 anos. Acordo com Stalin (Pacto Germano-Soviético de não agressão), partilha da Polônia é acertada. A Segunda Guerra Mundial tem início com a invasão da Polônia pelos nazistas no dia 1.º de setembro. Grã-Bretanha e França declaram guerra à Alemanha Nazista no dia 3 de setembro. URSS mantém-se neutra.
1940	Ataque generalizado contra o Ocidente. Ocupação de Dinamarca, Noruega, Holanda, Bélgica e França. Começo da batalha da Inglaterra, bombardeio sobre Londres e ataques ingleses sobre Berlim. Hitler é recebido por multidão depois da capitulação da França. Governo colaboracionista de Vichy presidido pelo Marechal Pétain.
1941	Invasão de Iugoslávia, Grécia e Ilha de Creta. Operação Barbarossa; invasão da URSS. Milhares de prisioneiros russos capturados. Esquadrões da morte SS executam judeus no Leste europeu (Países Bálticos, Polônia, Ucrânia e Rússia). Batalha de Moscou. Hitler declara guerra aos EUA depois do ataque japonês a Pearl Harbour.

(Continua)

(Continuação)

1942	Conferência de Wansee: "solução final" para os judeus na Europa. Campos de Extermínio. África Corps auxilia italianos no norte da África. Hitler retoma ofensiva na URSS para o Cáucaso. Anglo-americanos desembarcam no norte da África. Derrota alemã em El Alamein. Intensifica-se a batalha do Atlântico (submarinos alemães x comboios anglo-americanos).
1943	Rendição do VI exército alemão em Stalingrado. Luto nacional na Alemanha. Começo da retirada da Rússia. Goebbels proclama Guerra Total. Levante do Gueto de Varsóvia. Batalha de Kurks (a maior batalha de blindados da história). Hitler a suspende devido a desembarque aliado na Sicília e no sul da Itália. Queda de Mussolini.
1944	Russos retomam todo o território nacional. Dia-D, invasão aliada da Normandia. Paris libertada. Atentado contra Hitler. Levante de Varsóvia. Bombardeios sobre toda a Alemanha. Berlim semidestruída. Aliados libertam Bélgica e Holanda. Dura luta na Itália.
1945	Cerco final da Alemanha. Anglo-saxões e soviéticos encontram-se em Torgau. Berlim invadida e destruída. Hitler se suicida no *bunker*. Rendição da Alemanha nazista no dia 8 de maio. Conferência dos vitoriosos em Potsdam (Truman, Attle e Stalin). Duas bombas atômicas lançadas sobre Hiroxima e Nagasaki. Japão se rende. Fim da Segunda Guerra Mundial.

Referências

Ambrose, Stephan E. **The Victors: Eisenhower and his boys: the men of world war II**. Nova Iorque: Simon&Schuster, 1998.
Backes, Klaus: Hitler und die bildenden Kunste. **Kulturverständnis und Kunstpolitik im Dritten Reich**. Colônia: Verlag Dumont, 1988.
Barnett, Correlli. **Os Generais de Hitler**. Rio de Janeiro: Zahar, 1990.
Beaumont, Maurice. **La Faillite de la Paix (1918-1939)**. Paris, 1945.
Beever, Anthony. **Berlim 1945, a Queda**... Rio de Janeiro-São Paulo: Editora Record, 2004.
Behr, Shulamith Behr. **Expressionismo**. Rio de Janeiro: Cosac Naife, 2001.
Bettelheim, Bruno. **O Coração Informado**. Rio de Janeiro: Editora Paz e Terra, 1988.
Bracher, Karl D. **La Dictadura Alemana. Gênesis, estructura y consecuencias del nacionalsocilaismo**. Madri: Alianza Universitária, 1973.
Brannigan, Augustine. **A Base Social das Descobertas Científicas**. Rio de Janeiro: Editora Zahar, 1984.
Broszat, Martin. **The Hitler State**. Londres-Nova Iorque: Longman, 1983.
Bullock, Alan. **Hitler and Stalin**. Parallel lives. Londres: The Fontana Press, 1991.
_____. **Hitler**. Barcelona: Editorial Bruguera, 1969.
Calic, Edouard. **O Império de Himmler**. Rio de Janeiro: Editora Expressão e Cultura, 1970.
Calvocoressi, Peter e Wint, Guy. **Total War: Causes and Courses of the Second World War**. Nova Iorque: Penguin Books, 1981.
Clarck, Alan. **Barbarossa: the Russian-German Conflict, 1941-45 (Quill, NY, 1985)**. São Paulo: Companhia das Letras, 1997.
Cartier, Raymond. **A Segunda Guerra Mundial**. Rio de Janeiro: Primor, 1975.
Conquest, Robert. **The Great Terror**. Londres: Macmillan, 1968.

Cooper, Matthew. **The German Army: its political and military failure, 1933-1945**. Londres: Macdonald and James, 1978.

Coox, Alvin D. **Japão, a agonia final**. Rio de Janeiro: Editora Renes, 1977.

De Gaulle, Charles. **Memórias de Guerra**. Rio de Janeiro: Biblioteca do Exército, 1979 3 v.

Deutscher, Isaac. **Stalin**. Rio de Janeiro: Editora Civilização Brasileira, 2 vols., 1970.

Döblin, Alfred. **Berlim, Alexander Platz**. São Paulo: Editora Martins/Martins Fontes, 2009.

Eisenhower, Dwight O. **Cruzada na Europa**. Rio de Janeiro: Biblioteca do Exercito-Editora, 2 vols., 1971.

Erdmann, Karl Dietrich. **Deutschland unterder Herrschaft des Nationalsozialismus, 1933-1939**. Munique: Deutscher Taschenbuch Verlag, 1980.

Farias, Victor. **Heidegger e o nazismo: moral e política**. Rio de Janeiro: Paz e Terra, 1988.

Fest, Joachim. **Hitler**. Rio de Janeiro: Editora Nova Fronteira, 1976.

Fischer, Klaus P. **Nazi Germany: A New History**. Nova Iorque: Continuum Intl Pub Group, 1995.

Friedländer, Saul. **Nazi Germany and the Jews**. Nova Iorque: Harper Collins Publishers, 1997, tomo I.

Goebbels, Joseph. **Diários.(últimas anotações) 1945**. Rio de Janeiro: Editora Nova Fronteira, 1978.

Goldhagen, Daniel J. **Os carrascos voluntários de Hitler**. São Paulo: Companhia das Letras, 1997.

Goldsworthy, Terry. **Valhalla's Warriors: A History of the Waffen--SS on the Eastern Front 1941-1945**. Indianápolis: Dog Ear Publisher, 2007.

Grimm, Hans. **Volk ohne Raum**. Munique: Albert Languen Verlag, 1926.

Guderian, Heinz. **Achtung Panzer, The development of tank warfare**. Berlim: Cassell, 2003.

Gunther, Hans F.K. **The Racial Elements of European History**. Londres: Methuen, 1927.

Haffmann, Werner. **Banned and Persecuted: dictatorship of Art under Hitler**. Colônia: DuMont Buchverlag, 1986.

Haffner, Sebastian. **The meaning of Hitler.** Massachusetts: Harvard University Press, 1983.

Henri, Michel. **Os Fascismos.** Lisboa: D. Quixote, 1977.

Herf, Jeffrey. **O Modernismo reacionário. tecnologia, cultura e política na República de Weimar e no 3.º Reich.** Campinas-SP: Ensaio, 1993.

Hillgruber, Andreas. **Die Endlösung und das Deutsche Östimperium als Kerrnstuck des rassenideologischen Programms des nationalsozialismus, in Hitler und die Mächte.** Dusseldorf: 1976.

Hinz, Berthold. **Die Malerei im Deutschen Faschismus: Kuns und Konterrevolution.** Munique: Wilhelm Heyne Verlag, 1984.

Hitler, Adolf. **Minha luta.** São Paulo: Mestre Jou, 1962.

_____. **Conversaciones sobre la guerra y la paz: 1942-1944.** Barcelona: Luis de Caralt, 1954.

Junger, Ernst. **Storm steel.** Londres: Penguin Books, 2004.

Kandinski, Vassily. **Do espiritual na Arte.** São Paulo: Martins Fontes, 2000.

Kershaw, Ian. **Hitler, 1889-1933**, Húbris, 2001.

_____. **Hitler, 1936-1945 Nêmesis.** Nova Iorque-Londres: W.W. Norton&Company, 2000.

_____. **Dez decisões que mudaram o mundo. 1940-1941.** São Paulo: Companhia das Letras, 2008.

_____. **Hitler.** São Paulo: Companhia das Letras, 2010.

Kreipe, Werner (e outros). **Decisões fatais.** Rio de Janeiro: Biblioteca do Exército Editora, 1962.

Kukacs, John. **O Hitler da História.** Rio de Janeiro: Jorge Zahar Editor, 1998.

Lukacs, John. **O Hitler da História.** Rio de Janeiro: Jorge Zahar Editor, 1998.

_____. **O duelo: Churchill x Hitler.** Rio de Janerio: Jorge Zahare Editor, 2002.

Laqueur, Walter. **Weimar: 1918-1933.** Paris: Laffont, 1978.

Liddel Hart, B.H. **Outro lado da Colina, O: Ascensão e queda de generais alemães, com seus depoimentos acerca dos acontecimentos militares de 1939-1945.** Rio de Janeiro: Biblioteca do Exército, 1980.

_____. **As grandes guerras da história.** São Paulo: Ibrasa, 1967.

_____. **History of the Second World War**. Londres: Pan Books, 1977.
_____. **The German Generals Talk** (The other side of the Hill). Nova Iorque, 1979.
Lifton, Robert Jay. **The Nazi doctors: medical killing and the Psychology of Genocide**. Nova Iorque: Basic Books, 1988.
Littel, Jonathan. **As Benevolentes**. São Paulo: Objetiva/Alfagara, 2007.
Lukács, Georgy. **Materiales sobre el realismo**. Barcelona: Ediciones Grijalbo, 1977.
Maiaski, I. **Quem Ajudou Hitler?**. Rio de Janeiro: Civilização Brasileira, 1966.
Maltitz, Horst von. **The Evolution of Hitler's Germany**. Nova Iorque: McGraw-Hill Book Company, 1973.
Mann, Thomas. **Ouvintes alemães! Discursos contra Hitler**. Rio de Janeiro: Jorge Zahar Editor, 2009.
Manvell e Fraenkel. **Goebbels**. Lisboa: Áster, 1959.
Marabini, Jean. **Berlim no Tempo de Hitler**. São Paulo: Estampa, 1974.
Maurois, André. **A tragédia na França**. Rio de Janeiro: Vecchi, 1941.
Milfull, John (editor). **Why Germany: National Socialist Anti-Semitism and the European Context**. Bloomsbury Academic, 1993.
Montgomery, Mal. **"Memórias"**. Rio de Janeiro: Biblioteca do Exercito-Editora, 1976. 2 vols.
Muller. **Hill, Benno – Ciência assassina**. Rio de Janeiro: Editora Xenon, 1993.
Nolte, Ernst. **La guerra Civil Europea, 1917-1945. Nacionalsocialismo y Bolchevismo**. México: Fondo de Cultura Económica, 1994.
Overy, Richard. **The Dictators: Hitler's Germany, Stalin Russia**. Londres: Penguin Books, 2005.
Ponteil, Félix. **Les bourgeois et la démocratie sociale: 1914-1968**. Paris, 1971.
Remarque, Erich Maria. **O Obelisco Negro**. Lisboa: Europa-América, 1977.
Richard, Lionel. **Le nazisme & la culture**. Paris: François Maspero, 1978.
Rosanov, G. **Alemanha 45: Agonia do Nazismo**. Rio de Janeiro: Saga. 1967.

Rutherford, Ward. **Genocídio**. Rio de Janeiro: Editora Rennes, 1976.
Ryan, Cornelius. **A última batalha**. Porto Alegre: Editora L&PM, 2005.
_____. **O mais longo dos dias**. Porto Alegre: L&PM, 2004.
Schmokel, Wolfe W. **Dream of Empire: German Colonialism, 1919-1945**. New Haven: Yale University Press, 1964.
Schulze-Naumburg, Paul. **Kunst und Rasse**. Munique-Berlim: JF Lehmanns Verlag, 1928.
Seltzer, Robert M. **Jewish People, Jewish Thought: The Jewish Experience in History**. Londres: Macmillan, 1980.
Shirer, William. **A ascensão e queda do III Reich**. Rio de Janeiro: Simon & Schuster 4 vols., 1967.
_____. **A Queda da França**. Rio de Janeiro: Record, 1968, 3 v.
_____. **Diário de Berlim: Jornal de um Correspondente Estrangeiro – 1934-1941**. Rio de Janeiro: José Olympio, 1941.
Smith, Woodroff. **The colonial novel as political propaganda. Hans Grimm Volk ohne Raum**. Texas: University of Texas San Antonio, 1983.
Speer, Albert. **Por dentro do III Reich**. Rio de Janeiro: Editora Artenova, 1971, 2 v.
Thibault, Pierre. **L'âge des dictatures (1918-1947)**. Paris: Revue du Nord, 1971.
Toland, John. **Adolf Hitler**. Rio de Janeiro: Editora Francisco Alves, 1978, 2 v.
_____. **Os Últimos Cem Dias**. Rio de Janeiro: Nova Fronteira, 1966 2 v.
Townshend, Charles. **Modern War**. Oxford: Oxford University, 1997.
_____. **The Oxford illustrated history of Modern War**. Oxford-Nova Iorque: Oxford University Press, 1997.
Trevor Roper, H. **Os últimos dias de Hitler**. São Paulo: Editora Flamboyan, s/d.
Tuchman, Barbara. **A Torre do Orgulho**. Rio de Janeiro: Paz e Terra, 1990.
Tully, Andrey. **A Batalha de Berlim**. Lisboa: Livros do Brasil, 1963.
Werth, Alexander. **A Rússia na guerra**. Rio de Janeiro: Editora Civilização Brasileira, 1966, 2 v.